Nathalie Tordjman
Frédéric Michaud

Les records du monde

...chez les animaux

salamandre

ROSSIGNOL

PRÉFACE

Marie Dorin

Quintuple championne du monde de biathlon

Il y a ces jours pluvieux où, lorsque souffle un vent de nostalgie, je rôde dans les couloirs par manque d'activité et je finis par me retrouver face à mon miroir. « Miroir mon beau miroir, dis-moi qui est la plus belle en ce monde ? » Manque de chance (ou par chance !), mon miroir reste muet. Il devrait réfléchir un peu avant de me renvoyer ce reflet. Une peau désespérément rose et nue, sans poils soyeux appelant à la caresse ou cuir si épais que les piqûres d'insectes passent inaperçues, ne reflétant pas la lumière et sans écailles scintillantes. Bref, une peau fragile qui ne sert à rien. Je décide alors de la cacher sous une combinaison de ski pour retrouver un peu de dignité (ah bon ?).

Scrutant mes contours, toujours en manque d'inspiration, d'où ces réflexions bizarres, je remarque que mes yeux, placés comme ils le sont, ne me permettent pas de m'observer si je me tourne de 180 °. Quelle déception ! Impossible de voir de nuit, la lumière polarisée, de percevoir le mouvement, d'avoir une vision à 360 °. Dépitée, je chausse mes lunettes de soleil, verres noirs force 4. Et que dire de mes griffes et de mes crocs ? Pour encore plus de style, je colore mes lèvres de rouge et gante mes mains d'une matière adhésive. C'est ainsi qu'en combinaison, lunettes teintées, lèvres vermillon et gants de ski, je ne ressemble plus à rien si ce n'est à une biathlète prête à en découdre, mais ça a au moins le mérite de me faire sourire.

Depuis toujours le monde secret des animaux est une source d'inspiration pour l'homme. Voler, courir, nager, sauter, toujours plus loin, plus haut à la recherche de records que détiennent malgré nous les espèces qui nous entourent. Si le désir de grandeur incite les humains à repousser leurs limites, certains animaux ont développé des capacités qui feraient pâlir d'envie un Usain Bolt. Avec pour seule récompense le droit de vivre… Tiens donc ! Peut-être que nous gagnerions plus de médailles si notre vie était en jeu.
Finalement je me dis que sous mes vêtements, mes lunettes et mon sourire de vamp, je ne risque pas grand-chose d'autre que le ridicule. Et pour le moment, le ridicule n'est pas encore un prédateur dangereux !

SOMMAIRE

SOMMAIRE

Quel champion à poils gagnerait le sprint sur 100 mètres ?

▷ A travers nos champs, c'est sans hésiter le lièvre qui arriverait le premier.

Il progresse par grands bonds, grâce à ses longues pattes arrière qui le propulsent comme des ressorts. Il fait ainsi des sauts de 3 ou 4 mètres de long et des pointes de vitesse de 70 à 80 km/h. Il pulvérise 100 mètres en moins de 5 secondes et bat facilement un cheval de course au galop.

Courir vite est son mode de défense. Le lièvre passe sa vie au grand air, contrairement au lapin qui trouve refuge dans un terrier et n'atteint pas les 30 km/h au plus fort de son sprint. Mais bondir demande beaucoup d'énergie. Le lièvre attend alors le dernier moment pour s'élancer.
Au plus fort de sa forme, il peut poursuivre sa course sur des kilomètres. Cependant, si un chien ou un renard s'approche trop, il vire brusquement presque à angle droit, figure éliminatoire aux J.O. mais permise dans la nature. Le prédateur lancé à 30 ou 50 km/h file un temps en ligne droite, et le lièvre gagne ainsi une précieuse avance.

AH BON ?

Les animaux les plus rapides vivent toujours en terrain découvert. Ainsi, dans les savanes africaines, un guépard motivé peut se propulser à 90 km/h en moins de 4 secondes et atteindre 110 km/h quand une jeep le poursuit.

TIENS DONC !

L'autruche se défend plutôt bien pour un animal bipède. Pour fuir un danger, elle court de 70 à 80 km/h, sur seulement deux orteils à chaque patte. Avec des enjambées de 3,50 mètres, elle échappe à la plupart des prédateurs.

Quel **animal** a le plus *puissant venin* ?

▷ On pense tout de suite à un serpent.

Depuis la nuit des temps, les humains ont appris à se méfier des bestioles rampantes et ils ont parfois raison. Pourtant quantité d'animaux sont venimeux : insectes, araignées, scorpions, escargots, poissons, méduses, mais aussi taupes et musaraignes. Ils fabriquent des substances toxiques et sont équipés d'un dard ou d'une dent pour les inoculer.

Ces venins sont assez puissants pour les petites bêtes qu'ils ciblent mais les humains ne risquent en général rien. Nous ne sommes pas des repas potentiels !
Une vipère aspic ne nous poursuivra pas mais, si elle ne peut s'enfuir, elle risque alors de mordre. Elle n'injecte pas pour autant son venin car elle ne le dépense pas en vain. Ce produit précieux, laborieux à élaborer, lui sert à immobiliser sa proie et à la ramollir pour l'engloutir sans mâcher.

AH BON ?

Les moustiques qui ne sont pas venimeux causent pourtant la mort de plus de deux millions d'humains chaque année. Au moment où la femelle prélève un peu de notre sang, elle injecte de sa salive au pouvoir anesthésiant. Et, si cette sécrétion est porteuse de microbes, elle peut transmettre des maladies graves : paludisme, chikungunya, zika...

TIENS DONC !

Dans la nature, le plus puissant poison n'est fabriqué ni par les animaux, ni par les plantes ou les champignons comme les amanites. Ce sont des bactéries qui produisent la terrible toxine botulique, plus de 500 000 fois plus mortelle que le cyanure par exemple.

Quel **oiseau** est champion de *lancer de poids* ?

▷ Cela peut paraître incroyable, mais c'est le jeune coucou à peine éclos de son œuf qui décroche le titre.

Alors qu'il a encore les yeux clos, l'oiseau parasite tout juste né entreprend de pousser un à un les œufs de ses parents adoptifs. Chacun est à peu près aussi lourd que lui, soit 2,5 grammes. Imaginez qu'un nouveau-né humain expulse plusieurs pastèques hors de son berceau !
Pour arriver à cet exploit, l'oisillon se glisse sous l'œuf, le cale sur son dos entre ses courtes ailes. Puis il recule, tête baissée, jusqu'à la paroi du nid pour faire basculer son fardeau par-dessus bord. Il doit parfois s'y prendre à deux fois, mais, tel Sisyphe et son rocher, il recommence.

En fait, à ce stade de développement, le coucou possède une plaque de peau très sensible sur le dos qui rend tout contact avec un corps étranger insupportable. Résultat, après cette opération de nettoyage, le jeune coucou se retrouve sans concurrent au nid. Ses parents involontairement adoptifs n'ont plus que son bec à nourrir.

AH BON ?

Le gypaète, grand rapace montagnard, se défend, lui aussi, plutôt bien à ce sport. Il peut lancer depuis les airs des os lourds d'un kilo pour qu'ils s'éclatent sur une dalle rocheuse. C'est sa technique pour casser les éléments trop longs (plus de 25 cm) à ingurgiter comme les tibias de chamois.

Quel **animal** a le plus *féroce appétit* ?

▷ Il y a foule de concurrents pour cette compétition parmi les prédateurs, mais la palme d'or revient à un tout petit mammifère.

Une larve de coccinelle peut se gaver de 100 à 150 pucerons par jour pendant les 10 jours qui précèdent sa transformation en bête à bon Dieu. Un renard est capable de capturer jusqu'à 10 000 petits rongeurs par an. Et que dire d'une hirondelle de fenêtre qui collecte jusqu'à 7 000 insectes chaque jour ? Au final, on peut décerner le titre à la musaraigne étrusque qui mange quatre fois son poids quotidiennement. Songez à votre enfant de 10 ans engloutissant 120 kilos de steak haché par jour !

Avec moins de 2 grammes affichés sur la balance, cette espèce méditerranéenne, le pachyure étrusque, est classée comme le plus léger mammifère du monde.
Elle consomme des araignées, des petits insectes, des mille-pattes mais aussi des asticots, des sauterelles, des criquets, et s'attaque même aux portées de mulots, des proies parfois plus grosses qu'elle.

Mais pourquoi boulotte-t-elle autant ? Toujours en mouvement, son cœur, énorme par rapport à sa taille, bat entre 900 et 1400 pulsations par minute. Conséquence négative de cette boulimie : sa durée de vie ne dépasse pas 16 mois.

AH BON ?

Les plus gros ne sont pas les plus gloutons. Les deux à trois tonnes de nourriture ingurgitées quotidiennement par une baleine bleue représentent moins de 60 fois sa masse. Un éléphant de 5 tonnes, lui, ne consomme que 200 kilos de feuillage, soit un plat de résistance 40 fois plus léger que lui.

Quel **animal** est le plus *imposant* du monde ?

▷ **Avec ses 130 tonnes, la baleine bleue détient le record absolu de corpulence de tous les temps.**

En Méditerranée, on peut croiser le rorqual commun de 50 à 70 tonnes, ce qui équivaut tout de même à une dizaine d'éléphants. Il ne vous aura pas échappé que, de nos jours, les animaux les plus costauds vivent en pleine mer. C'est que l'évolution ne s'affranchit pas des lois de la physique.
Sur la terre ferme, la pesanteur contraint la croissance des organismes. Mais en mer les animaux sont soumis au principe de la poussée d'Archimède. L'eau exerce sur leur corps une pression vers le haut d'a tant plus forte que le volume plongé dans l'élément liquide est important.

Les mammifères marins sont ainsi littéralement portés par les flots. Leurs os peuvent soutenir des masses de muscles et de graisse importantes. Mais une fois émergé, leur corps massif perd sa forme. Il s'écrase sous l'effet de la pesanteur. C'est pour cette raison que les cétacés échoués meurent étouffés sous leur propre poids.

Au fait, quelle est la plus grosse bête qui marche sur terre ? *Réponse p. 21.*

AH BON ?

Derrière l'équipe des corpulents mammifères marins, le record de poids revient à un autre géant aquatique, le requin-baleine, un chondrichtyen ou poisson cartilagineux, qui pèse jusqu'à 18 tonnes.
Il fréquente les mers tempérées, a de toutes petites dents et, comme la baleine bleue, ne se nourrit que de proies minuscules.

Quelle **bestiole** gagnerait l'épreuve du *saut en hauteur* ?

▷ **En proportion de sa taille, le record incontestable est détenu par la puce.**

D'un bond, la puce se propulse à 25 cm de hauteur. Ça n'a l'air de rien, mais pour cet insecte haut de 1,5 mm, c'est un exploit. Cela représente 180 fois sa taille. Comme si un homme sautait par-dessus la tour Eiffel ! De plus, la puce retombe sans se blesser, protégée par sa peau coriace.
Avant de bondir, la puce s'accroupit sur ses pattes arrière plus longues que les autres. Puis brutalement, elle déverrouille ses articulations. Elle fait ce grand saut pour fuir ou après sa naissance au sol pour venir s'installer sur un mammifère de passage. Elle décolle alors à une vitesse pouvant atteindre 450 km/h.

Certaines bestioles qui se font remarquer au saut en longueur se défendent aussi très bien en hauteur. La grenouille atteint les 2 mètres de haut, soit plus qu'un chat domestique qui ne dépasse pas 1,80 mètre, mais moins qu'un kangourou donné à 3,20 mètres.

Cependant, le record mondial en valeur absolue revient au puma qui, sans élan, s'élèverait au deuxième étage d'un immeuble, de 4 à 5 mètres du sol.
Rappelons que, chez les humains, le record est de 2,45 m, avec élan, appel sur un pied et enroulement au-dessus de la barre.

AH BON ?

Sans pattes et sans appui au sol, un dauphin peut bondir de 7 mètres hors de l'eau, avec rotation et torsion de son corps.
Toutefois, il ne réalise cette performance qu'après de longs entraînements, motivé par le poisson que les dresseurs lui tendent. Cette capacité ne lui est pas d'une grande utilité en mer.

Quel **animal** en bave pour finir *dernier* au 100 mètres ?

▷ C'est l'escargot. Normal, il doit saliver pour se déplacer. Il passe la ligne d'arrivée 3 à 5 heures après le départ.

Si l'escargot est si lent, c'est qu'il n'a pas besoin de se presser, car il peut trouver refuge à tout moment dans sa coquille, comme la tortue dans sa carapace.
Selon le terrain et sa motivation, le gastéropode parcourt jusqu'à 60 cm en une minute. C'est malgré tout un exploit car n'oublions pas qu'il transporte sa coquille et qu'il avance sur un seul pied en traçant sa route.

Sa base très musclée produit un liquide gluant, la bave, qui lui permet non seulement de glisser sur une surface même sèche ou rugueuse, mais aussi de franchir des obstacles en grimpant verticalement. Cette sécrétion est héritée de ses ancêtres marins. Depuis, le corps mou des escargots terrestres baigne dans une petite mer de mucus à l'intérieur de leur coquille.

Parmi les autres concurrents à cette course improbable, l'escargot voit passer devant lui la tortue terrestre qui avance en moyenne à 4,50 mètres par minute en se dressant sur ses quatre pattes, et l'étoile de mer qui rampe au plus vite à 2 mètres par minute. Elle dispose pourtant de milliers de petits pieds munis de sortes de ventouses sous chacun de ses bras.

AH BON ?

Parmi les champions mondiaux de la lenteur, on trouve le paresseux. Ce mammifère sud-américain passe sa vie dans les arbres et met environ 4 heures pour parcourir un kilomètre, le corps suspendu aux branches par ses longs membres. Sa nonchalance associée à sa fourrure verdâtre lui assure de passer inaperçu aux yeux de ses prédateurs.

Quelle est la plus *grosse* bête qui marche sur terre ?

▷ **Impossible de se tromper, c'est l'éléphant de savane d'Afrique.**

Il tient le haut du podium mondial avec ses 6 tonnes, et son cousin l'éléphant d'Asie place ses 4 à 5 tonnes sur la deuxième marche. La médaille de bronze revient au rhinocéros blanc avec une masse de 2,3 à 3,5 tonnes. Au niveau européen, depuis la disparition des mammouths de 5 tonnes il y a 10 000 ans, la plus grosse bête terrestre sauvage est le bison. Cet animal de forêt a lui aussi failli disparaître, exterminé par la chasse. Avec son poids de 1,2 tonne, il se place loin devant l'élan mâle et ses 700 kilos. Derrière, l'ours brun et le cerf élaphe n'affichent que 300 kilos.

A force de sélection, les humains produisent du bétail de plus en plus gros. Certains taureaux vont bientôt dépasser la barre des 2 tonnes.
Mais ces bêtes de concours vouées uniquement à la reproduction, pourraient être contrôlées positives aux tests antidopage ou voir leurs pattes se briser net sous leur poids.

AH BON ?

Vous avez remarqué ? Les plus grosses bêtes terrestres sont herbivores. L'herbe n'étant pas très nutritive, elles passent de longues heures à se nourrir. Mais leur imposante masse offre un avantage : face à elles, la plupart des prédateurs ne font pas le poids.

TIENS DONC !

Certains dinosaures, tous terrestres, ont atteint des tailles colossales. Le plus gros sauropode connu est un quadrupède herbivore de 40 mètres de long. A partir de quelques ossements fossilisés trouvés en Argentine, sa masse a été estimée à 77 tonnes, soit 15 éléphants.

Combien pèse le plus *lourd* de tous les **oiseaux volants** ?

▷ Le titre mondial est détenu par l'outarde kori qui vit en Afrique.

Les plus gros mâles pèsent jusqu'à 19 kilos. Les femelles, plus sveltes, sont souvent deux fois plus légères. Bien que capables de voler, ces outardes passent une grande partie de leur vie au sol. Elles se nourrissent en marchant dans les herbes et nichent dans une simple cuvette de terre. Sous nos latitudes, un cygne tuberculé qui pèse 12 à 13 kilos est un bon voilier, et un vautour fauve avec ses 11 kilos est un maître du vol plané. Mais un dindon de 10 kilos ne vole ni haut ni longtemps.

Le poids n'est donc pas le seul déterminant dans l'art du vol. C'est surtout la courbure de l'aile avec un bord d'attaque épais qui importe. Elle provoque une dépression sur le dessus de l'aile qui agit comme une aspiration. Ce phénomène physique permet aussi bien aux oiseaux qu'aux avions de s'élever dans les airs.

Malgré tout, le poids met à rude épreuve la musculature. Et pour s'envoler, le cygne doit courir 10 à 20 mètres sur un sol plat ou sur l'eau, tout en maintenant ses ailes légèrement écartées pour prendre appui sur l'air. Il s'élève alors, bat des ailes et on entend le frottement de l'air sur ses plumes. Sa vitesse de vol peut atteindre 85 km/h.

Au fait, quel oiseau a les plus grandes ailes ? *Réponse p. 31.*

AH BON ?

Le cousin arctique du cygne tuberculé, le cygne siffleur, s'égare parfois en Europe. Il ne pèse pas plus de 8 kilos mais il détient un autre record : celui de l'oiseau qui a le plus de plumes. Il en compterait plus de 25 000 en hiver, situées à 80 % sur sa tête et son cou.

Combien mesure le plus *long* serpent ?

▷ En confrontation mondiale, deux serpents se disputent la médaille d'or : le python réticulé d'Asie et l'anaconda en Amérique du Sud avec plus de 9 mètres de longueur.

Rien d'étonnant que ces reptiles arrachent le titre : ils vivent dans des régions tropicales humides où le climat leur permet de maintenir leur corps à une température optimale pour leur métabolisme. La chaleur qu'ils absorbent accélère les réactions chimiques nécessaires à la digestion et à l'activité musculaire. Ils peuvent ainsi grandir toute leur vie.
Pour chasser, ces géants constricteurs n'ont nul besoin de venin. Il leur suffit de s'enrouler autour de leur proie pour l'étouffer avant de l'engloutir tout entière.

Chez nous, les serpents les plus longs se rencontrent dans les régions méditerranéennes où ils trouvent des endroits pour réchauffer leur corps presque toute l'année. Ainsi certaines couleuvres à collier s'étirent sur 2 mètres. Dans le sud de l'Europe, des couleuvres d'Esculape et de Montpellier lui arrachent parfois le titre.
Chez toutes ces espèces, les femelles sont encore plus grosses que les mâles.

AH BON ?

Les serpents ne sont pas les animaux les plus longs sur la Terre. Une baleine bleue mesure plus de 30 mètres. Mais le record de longueur revient à un ver lacet marin, qui peut s'étirer sur 40 mètres une fois détortillé.

TIENS DONC !

A l'époque des dinosaures, des reptiles marins étaient plus longs que nos serpents actuels. Certains pliosaures atteignaient 15 mètres de long. Eh oui, de tout temps, il est plus facile d'être géant dans l'eau.

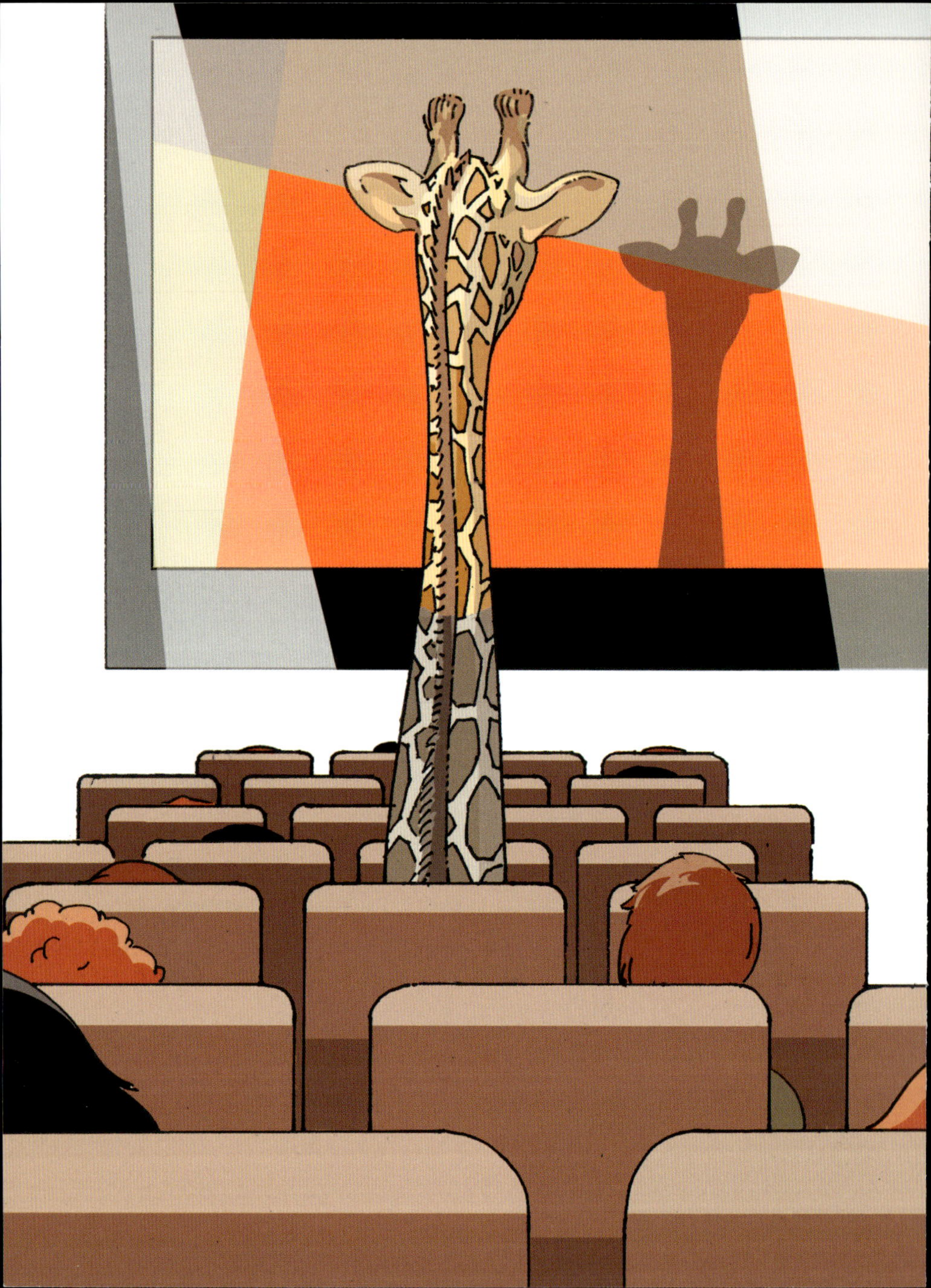

Quel **animal sauvage** est le plus *grand* sur terre ?

▷ L'animal le plus haut du monde vous vous en doutez, c'est la girafe. Sa tête peut culminer au niveau du troisième étage d'un immeuble, à 5 ou 6 mètres du sol.

Cette grande perche de la savane doit sa taille géante à ses hautes pattes, ses épaules se situant à 3 mètres du sol, et surtout à son long cou. Il n'est pourtant composé que de sept vertèbres, comme chez les humains. Mais chacune mesure 30 cm d'épaisseur, contre 1 cm pour les nôtres. Malgré cela, si la girafe se trouvait face à un séquoia elle ne pourrait pas brouter son feuillage qui culmine à 80 ou 100 mètres de hauteur !

Dans nos régions tempérées, l'animal le plus grand que l'on puisse croiser est l'ours brun quand il se dresse sur ses pattes arrière. Il peut ainsi tendre son museau à 2 mètres du sol et flairer une odeur qui vient de loin. Il utilise aussi cette position pour impressionner un adversaire. Pour se déplacer, il revient sur ses quatre pattes et alors son épaule n'est plus qu'à un mètre du sol. Il pourrait de ce fait passer sous un cheval de trait dont le garrot culmine à 1,65 mètre, voire plus.

AH BON ?

A la préhistoire, un autre plantigrade à la stature imposante vivait en Europe. Dressé sur ses pattes, l'ours des cavernes atteignait 3 mètres de haut. Il était plus végétarien que son cousin l'ours brun. Il a totalement disparu il y a 28 000 ans à cause de bouleversements environnementaux.

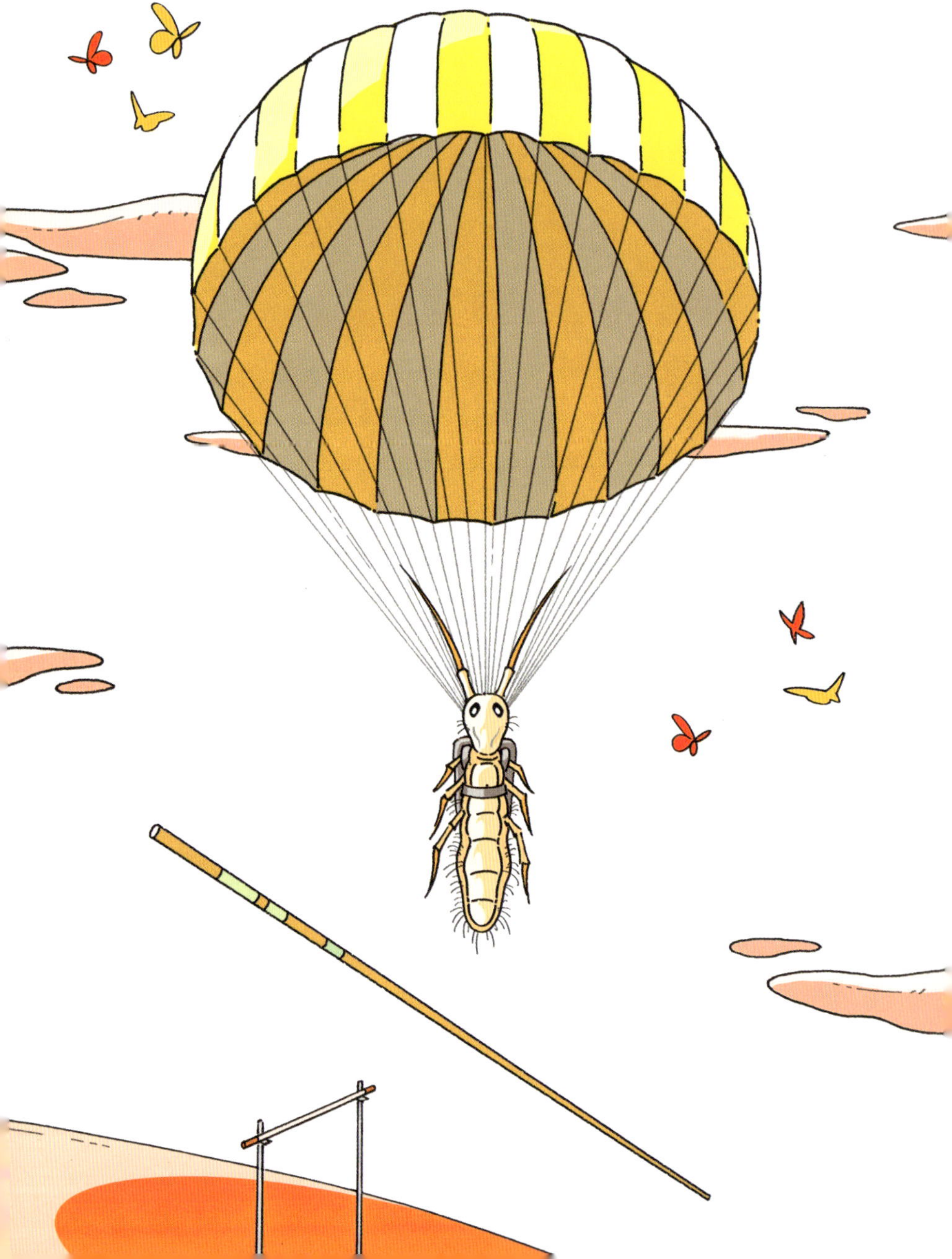

Quelle **bête** bat toutes les autres au *saut à la perche* ?

▷ Dans la nature, deux candidats sérieux rivalisent à ce meeting sportif : les collemboles et les taupins. Chacun avec un style différent utilise le principe du levier.

Les collemboles sont de petits arthropodes aux couleurs parfois vives. Ils sautent sans l'aide de leurs six pattes, grâce à une perche fourchue placée sous leur corps, la furca. En position normale, elle est maintenue par un crochet, le rétinacle.

Pour fuir et échapper à un ennemi, le rétinacle libère la furca qui frappe vigoureusement le sol et propulse l'athlète dans un saut périlleux arrière. Cela n'a d'intérêt que pour les espèces de collemboles qui vivent à la surface du sol ou de l'eau. Celles résidant sous terre n'ont pas cet équipement. Les taupins sont, eux, des coléoptères. Ils utilisent une pointe située sous leur thorax qui se coince dans une encoche sous leur abdomen.

En cas de danger ou si l'insecte se retrouve malencontreusement sur le dos, il se contracte en arquant son thorax. La pression est telle que la perche sort de son taquet et projette l'insecte en l'air en émettant un clic caractéristique. Le saut s'effectue en une fraction de seconde et peut culminer à 30 cm.
Le taupin retombe en général sur ses pattes et prend ses jambes à son cou pour échapper à un prédateur.

Au fait, quelle bestiole gagnerait l'épreuve du saut en hauteur ? *Réponse p. 16.*

AH BON ?

Contrairement à nos perchistes qui utilisent l'élan de leur vitesse de course pour gagner de l'altitude, les collemboles et les taupins prennent appui sur leur perche sans avoir besoin de courir.

Quel **oiseau** a les plus *grandes ailes* ?

▷ **C'est au-dessus de l'eau que vit l'oiseau à la plus grande envergure : l'albatros hurleur.**

Il est le plus grand des volatiles actuels avec 3,60 mètres d'un bout d'une aile à l'autre. Autant dire qu'il est bien plus large qu'un autocar limité à 2,55 mètres. A côté, notre fou de Bassan fait figure de modèle réduit avec 1,65 à 1,80 mètre d'envergure. Du coup, quand l'albatros géant vient à terre pour nicher, son atterrissage et son décollage sont plus qu'acrobatiques.

Parmi nos oiseaux terrestres, les rapaces occupent les trois places du podium. Le gypaète barbu accapare la plus haute marche avec 2,60 à 2,80 mètres d'un bout d'une aile à l'autre. Le vautour fauve arrive derrière à un fil avec 2,50 à 2,70 mètres. La troisième place revient à la femelle de l'aigle royal avec 2,10 à 2,30 mètres car le mâle ne dépasse pas 2,10 mètres d'envergure.

Avec de telles ailes en forme de planche, les rapaces ne pratiquent pas le vol battu en continu. Ils décollent en s'élançant dans les airs depuis une falaise et se laissent porter par les courants d'air chauds ascendants. Cela veut dire qu'ils ne volent que de jour, et jamais au-dessus de la mer.

Au fait, quel oiseau monte le plus haut dans le ciel ? *Réponse p. 43.*

AH BON ?

Un des plus gros oiseaux volants, le cygne tuberculé, a aussi une belle envergure : 2 à 2,30 mètres. Une fois en vol, il maintient son cou et sa tête bien tendus en avant et bat des ailes de façon régulière sans planer. Pour atterrir, il se laisse glisser dans l'air puis déploie ses pattes palmées qui le freinent et assurent le contact de son corps avec l'eau.

Quel **plongeur** est le plus *rapide* chez les animaux ?

▷ Le premier d'entre eux est un oiseau, le fou de Bassan, qui pique dans l'eau à tombeau ouvert.

Les volatiles marins occupent les premières marches du podium de plongeon de haut vol. Le fou de Bassan doit son nom à sa façon spectaculaire de se laisser tomber d'une hauteur de 30 ou 40 mètres. Il plaque ses ailes contre son corps au moment de crever la surface de l'eau à une vitesse proche de 100 km/h.
Les os de son crâne sont particulièrement solides et un système de sacs d'air l'aide à absorber le choc pour protéger son cerveau. Il vise en général un banc de poissons qu'il a repéré du ciel, et sur lequel il ajuste son piqué. L'onde qu'il crée dans sa chute est telle qu'elle étourdit sa proie mais le fou peut aussi poursuivre le poisson sous l'eau en s'aidant de ses ailes. Quoi qu'il en soit, il remonte à la surface le bec vide après avoir avalé son repas pendant l'immersion.

Au contraire, la sterne caugek, qui patrouille à quelques mètres au-dessus des flots pour pénétrer dans l'eau à une vitesse de 40 km/h, ressort avec la proie au bec.

AH BON ?

En bord de rivière ou de lac, le martin-pêcheur prend son départ depuis une branche, à un ou deux mètres au-dessus de l'eau. Il plonge à la verticale, ailes collées au corps. Il s'enfonce dans l'eau à 35 ou 40 km/h, sans trop perdre de vitesse. Son piqué l'entraîne rarement à plus de 25 cm de profondeur. Il remonte sa proie vivante, et l'assomme à grands coups sur une branche avant de l'avaler par la tête.

A quelle **bestiole** décerner la médaille d'or en *haltérophilie* ?

▷ A l'épaulé-jeté, les insectes sont les plus forts.

Leur squelette externe et les muscles qui y sont fixés permettent à ces bêtes à six pattes de soulever, de tirer ou de pousser des masses considérables par rapport à leur petite taille. Mais ces animaux ne cherchent pas à battre des records.
Alors, dans la réalité à quoi ces capacités peuvent-elles leur servir ? Le scarabée rhinocéros européen, un de nos plus gros coléoptères avec le lucane cerf-volant, utilise sa corne pour soulever un concurrent mâle et le projeter au sol. Il porte donc environ son propre poids.

Le scarabée sacré déplace, lui, 90 fois sa masse. Cet insecte de 2,5 cm de long se saisit d'une boule de crottin plus grosse qu'une balle de ping-pong. Mais il la roule plus qu'il ne la porte et l'enterre dans le sol comme garde-manger pour sa larve.

Enfin, le hanneton ou la fourmi sont les champions à l'arraché puisqu'ils portent la charge à bout de mandibules jusqu'à leur nid. Un hanneton pourrait ainsi soulever 400 fois sa masse et une fourmi 50 à 60 fois la sienne.

AH BON ?

Regardons du côté des mammifères quels sont les meilleurs haltérophiles. Un éléphant asiatique bien harnaché peut porter un quart de sa masse, soit plus d'une tonne. Un gorille d'une tonne peut, lui, soulever 300 kilos, et nos champions humains arrachent à l'épaulé-jeté environ trois fois leur masse.

Quel est le **champion** toutes catégories du *saut en longueur* ?

▷ Aux Mondiaux du saut en longueur sans élan, c'est le springbok, une antilope sud-africaine, qui bat les autres candidats à plate couture.

A la seule force de ses tendons, cet animal fétiche de l'équipe nationale de rugby se propulse d'un bond spectaculaire pouvant couvrir 15 mètres de long. Le springbok arrive largement en tête, devant le grand kangourou australien qui, franchit près de 13 mètres, sur ses deux puissantes pattes postérieures en Z. Il se sert de sa longue queue comme d'un balancier pour garder son équilibre quand il ne touche plus terre.

Des grenouilles et des sauterelles s'inscrivent aussi à la compétition. La grande sauterelle verte obtient un record non homologué de 7 mètres de long. Cela représenterait un bond 200 fois plus long qu'elle! Avec de telles performances, un sportif humain se propulserait donc sur 140 mètres, alors qu'il peine encore à dépasser la ligne des 9 mètres. Mais certains contestent le record de la sauterelle, en remarquant qu'elle volette en sautant.

Egalement contestable, le record de la grenouille verte qui peut faire des bonds de plus de 5,30 mètres au meilleur de sa forme. Rapporté à sa taille, ce saut représente 50 fois la longueur de son corps. Mais on objectera que ses pattes palmées, avant et arrière, lui permettent de planer dans les airs.

AH BON ?

Remarquez que chez les animaux sauteurs, qu'ils soient vertébrés ou invertébrés, l'évolution a trouvé la même solution pour les rendre performants : leurs pattes postérieures sont plus longues et plus musclées que les autres.

Quel **poisson de rivière** gagnerait le 100 mètres *nage libre* ?

▷ Dans cette compétition, des tricheurs foncent en dévalant avec le courant quand d'autres godillent vers l'amont.

Les pêcheurs le savent, les poissons prédateurs, comme la truite ou le brochet, sont capables de fulgurantes accélérations. Ils se tiennent à l'affût et démarrent en flèche quand ils voient des proies à leur portée. Avec de puissants coups de queue, ils s'élancent dans une glissade rapide. Ils plaquent leurs nageoires contre leur corps pour réaliser des pointes de vitesse de 35 km/h.

Les poissons aiment se positionner à contre-courant. Pour nager, ils n'utilisent pas leurs nageoires mais pratiquent la godille en ondulant la queue horizontalement. Un saumon maintient ainsi son cap à 9 ou 10 km/h. A cette allure quand il vient en surface, il se retrouve projeté en l'air. De cette façon, il franchit des obstacles jusqu'à 2 mètres de hauteur.

En mer, les thons au corps fuselé comptent parmi les ostéichtyens, poissons osseux, les plus rapides. Ils atteignent des vitesses de l'ordre de 20 km/h.
Le poisson réputé le plus rapide du monde est l'espadon voilier. Un exploit qui ne tient qu'à un fil, celui d'un pêcheur qu'il aurait déroulé en 3 secondes à une vitesse de 110 km/h. Un record de nage non homologué, car le champion a fait des bonds hors de l'eau.

AH BON ?

Les vitesses atteintes en milieu aquatique dépendent beaucoup de la taille de l'animal et de la structure de sa peau. Ainsi un grand requin a un épiderme qui réduit le frottement. Il file à environ 36 km/h.
Les phoques et les marsouins, eux, sont plus rapides que les poissons qu'ils pourchassent.

Quel **animal** remporterait à coup sûr le *marathon* ?

▷ A cette épreuve, le loup gris se place parmi les favoris. Mais on est bien d'accord, aucun n'a en tête de s'afficher avec un dossard de coureur.

Grâce à des colliers munis d'une balise GPS posés sur certains individus, on connaît précisément les performances du loup gris. Il parcourt couramment 60 km en une nuit.
Comme le rappelle un proverbe russe: « C'est en marchant qu'un loup chasse ». Ainsi, ce prédateur est capable de prospecter sur 200 km, comme il peut ne se déplacer que de 400 mètres s'il a une proie à proximité. Il trottine habituellement à 12 km/h. Une allure qu'il peut maintenir pendant plusieurs heures, en faisant quelques sprints à 60 km/h. Il doit contrôler ses efforts et faire des pauses pour éviter la surchauffe car il est incapable de transpirer. Comme son frère le chien, il rafraîchit son corps en le ventilant, langue pendante.

Les jeunes ne sont pas en reste. Agés d'un an ou d'un an et demi, ils quittent la meute au printemps ou à l'automne. Lors de cette période de dispersion, ils parcourent jusqu'à 800 km en seulement quelques jours.

Au fait, quel est le plus résistant des animaux ? *Réponse p. 85.*

AH BON ?

Aux championnats du monde de l'endurance, il faut aussi compter avec le chameau de Bactriane. Muni d'une épaisse toison qui le protège du froid comme du chaud et d'une réserve de graisse dans ses deux bosses, cet habitant du désert de Gobi peut marcher sans boire ni manger pendant plus d'une semaine.

Quel **oiseau** monte le plus haut dans le ciel ?

▷ Sous nos latitudes, le champion se trouve parmi les planeurs thermiques : les vautours, les aigles et les cigognes.

Les records de vol en altitude sont connus par des collisions entre des oiseaux et des avions de ligne. C'est le cas d'un vautour – probablement de Rüppell – inscrit au livre des records depuis 1974 pour avoir été détruit dans un moteur d'avion à près de 11 300 mètres d'altitude en Afrique de l'Ouest.

Ces oiseaux aux larges ailes trichent un peu car ils se hissent haut sans trop d'effort. Ils utilisent comme une pompe les courants thermiques ascendants en tournoyant pour ne pas en sortir. En haute altitude, ils rencontrent peu d'obstacles et pas de prédateurs. Les puissants jet-streams les propulsent avec facilité et ils sont rafraîchis par l'air moins dense et plus frais. Mais tous les athlètes le savent, l'altitude présente un gros inconvénient : l'air que l'on respire s'y fait plus rare. Il ne suffit donc pas aux oiseaux de trouver la force ou l'astuce pour vaincre la gravité. Ils disposent aussi de différents types d'hémoglobines pour fixer l'oxygène selon la hauteur atteinte et d'un cœur puissant pour alimenter leurs muscles. Quoi qu'il en soit, la majorité des oiseaux ne s'élèvent pas à plus de 1 500 mètres du sol.

Au fait, quel oiseau remporte le marathon des airs ? *Réponse p. 51.*

AH BON ?

Il est étonnant de savoir que l'oie à tête barrée, parfois sédentaire dans nos parcs urbains, est une championne du haut vol. Chaque année, ses sœurs sauvages effectuent une migration au-dessus de l'Himalaya, en passant des cols à plus de 8 000 mètres.

Quels **animaux** changent de *maillot* plusieurs fois par an ?

▷ Les animaux ont tous une tenue irréprochable. Ils en changent régulièrement selon la saison pour rester au meilleur de leur forme, mais cela ne se remarque pas toujours.

L'hermine mue deux fois par an et ça se voit ! Brune en été, sa fourrure devient blanche et dense en hiver dans les régions montagneuses et septentrionales. Ce changement lui assure un bon camouflage. Il est déclenché par une glande de son cerveau, l'épiphyse, qui réagit au raccourcissement des jours.
Des poils dépourvus de mélanine poussent en trois semaines à l'automne tant que la température est douce mais son corps peut virer au blanc plus rapidement si un coup de froid survient. Le lièvre variable adopte la même stratégie dans les régions enneigées.

Les oiseaux aussi changent souvent de plumes car avec le temps elles s'usent. Les anciennes sont remplacées par de nouvelles de sorte qu'on ne voit jamais un moineau tout nu. Certaines espèces profitent de cette mue pour modifier la couleur de leur plumage. Le lagopède alpin, blanc l'hiver, prend la teinte des rochers en été. Le canard colvert mâle endosse son costume de noce à la saison froide et l'abandonne aux beaux jours.

AH BON ?

Le poulpe, la seiche, le caméléon, des lézards et des grenouilles changent de couleur sans avoir à muer. Ils possèdent dans les cellules de leur peau différents pigments qui se concentrent ou se dispersent selon les circonstances, modification de la température, stress ou parade nuptiale.

Qui est le plus *rapide* des **prédateurs ?**

▷ **Vous répondez le guépard ou le lion ? Faux, c'est la larve de libellule qui caracole en tête. Après arbitrage vidéo, les spécialistes ont constaté qu'elle attaque sa proie en 20 millisecondes.**

Contrairement à l'adulte qui vole élégamment dans les airs, la larve de libellule est aquatique. Elle passe de trois semaines à quatre ans dans un trou d'eau, un torrent vif ou une mare, selon les espèces. Mais comme les adultes, toutes les larves sont carnassières. Elles possèdent un dispositif appelé masque, parce qu'il est caché sous la tête. Il camoufle une arme redoutable, le labium.

Il s'agit d'une sorte de bras articulé qui se détend en déployant à son extrémité deux crochets mobiles acérés. En se repliant, ces crochets pincent la proie et la ramènent vers les puissantes mandibules. En 20 millièmes de seconde, un ver, un petit crustacé, un alevin ou un têtard qui passe à proximité est pris au piège.

Dans la même catégorie, la mante religieuse se défend très bien aussi. Elle projette ses pattes dites ravisseuses sur sa proie à une vitesse proche de 40 mètres par seconde, et les replie comme un couteau suisse presque aussi vite en coinçant sa victime entre des épines acérées.

AH BON ?

Les insectes ont besoin de s'échauffer pour s'activer. Ils prennent la chaleur dans le milieu ambiant. Par les chaudes journées d'été, les libellules adultes font toutes sortes de voltiges aériennes avec piqués, vols stationnaires, demi-tours, vols arrière et brusques accélérations à plus de 70 km/h.

Quel est le record de plongée en *apnée* chez les **animaux** ?

▷ Attention, seuls les animaux qui passent une partie de leur vie hors de l'eau sont admis à cette compétition. A ces Mondiaux d'apnée, le grand vainqueur est le manchot empereur.

Le record de plongée enregistré pour cet oiseau extraordinaire est de 20 minutes. Pour réaliser cet exploit, il ralentit son rythme cardiaque. Toutefois, comme ses proies vivent à faible profondeur, il n'a souvent pas besoin de rester plus de 5 à 7 minutes dans l'eau.
Sur le podium européen, les places sont également détenues par des oiseaux aquatiques. Le grand cormoran, expert en plongée, reste jusqu'à trois minutes à poursuivre un poisson sous l'eau, mais le plus souvent il réussit sa capture en 30 secondes. Au cours de son immersion, sa combinaison semi-imperméable libère l'air emprisonné entre les plumes. L'oiseau alourdi dépense moins d'énergie pour sa nage sous-marine.

Dans la famille des plongeons, le plongeon imbrin, parfois observable sur les côtes européennes en hiver, est un as de l'apnée. Certains observateurs disent l'avoir vu disparaître sous l'eau 10 minutes. Mais son record homologué est plutôt de 3 minutes.

Enfin, le grèbe huppé peut rester jusqu'à 50 secondes sous l'eau pour capturer des poissons, et réapparaître à une bonne distance de son point d'immersion.

AH BON ?

Signalons qu'un autre animal pourvu de poumons a été disqualifié pour ce record. C'est le cachalot car il passe sa vie entière dans l'eau et son corps est spécialement équipé pour la plongée. Il peut se maintenir en apnée deux heures en accumulant l'oxygène dans ses muscles quand il est en surface.

Quel **oiseau** remporte le *marathon des airs* ?

▷ Le champion est la très médiatisée sterne arctique. Elle parcourt de 60 000 à 80 000 km dans l'année pour aller d'une région polaire à l'autre. C'est la plus longue migration du règne animal.

La sterne arctique vit ainsi presque toujours en été et en plein jour. Elle niche au Groenland pendant l'été boréal puis, avant que le froid n'arrive, elle file vers la mer de Weddell proche de l'Antarctique. Cet oiseau de 125 grammes n'emprunte pas le même chemin à l'aller et au retour. Elle fait un grand S au-dessus de l'océan Atlantique pour exploiter au mieux les vents dominants. A l'aller, son voyage dure environ 80 jours. Le retour lui prend deux fois moins de temps.

Chez nous, les oiseaux symboles de longues migrations sont les hirondelles, les martinets et les cigognes blanches. Pour se rendre d'Europe en Afrique, les cigognes contournent la Méditerranée en passant par Gibraltar ou par le détroit du Bosphore, mais n'hésitent pas ensuite à survoler le Sahara. Elles parcourent 9 000 à 10 000 km de l'Allemagne au sud de l'Afrique, à raison de 150 à 300 km par jour.

Les hirondelles et les martinets couvrent presque la même distance en volant sur 350 km, 8 à 10 heures chaque jour. Ces passereaux survolent la Méditerranée et le Sahara sans escale, même par vent contraire.

AH BON ?

Le marathon des mers est remporté par la baleine à bosse. Elle migre entre les eaux polaires et l'équateur deux fois par an, en restant dans le même hémisphère, soit un aller-retour de 20 000 km.

Quel **mammifère** a le plus de *mamelles* ?

▷ C'est la rate. Elle a habituellement six paires de mamelles. Elle peut donc en théorie nourrir une jolie portée de douze ratons.

La rate est très prolifique. Est-ce pour cela que le surmulot est devenu une bête de laboratoire ? Peut-être.
Rendez-vous compte : l'espèce peut se reproduire toute l'année et avoir quatre à sept portées de six à douze petits. Ces derniers grandissent vite et deviennent parents, à leur tour, un mois et demi après leur naissance. A ce rythme effréné, la rate pourrait donner mathématiquement naissance à des milliers de descendants directs par an. Heureusement, elle cesse de se reproduire avant d'atteindre l'âge de 18 mois.

Les autres femelles mammifères sont équipées plus sobrement. Une paire de mamelles chez la jument, la biquette bouquetin et la brebis, deux paires chez madame castor et la vache, quatre chez la maman écureuil et la chatte, cinq chez la hérissonne, la lapine et la chienne.
Les humains, insatiables de productivité, poussent la nature et sélectionnent des lapines à six paires de mamelles et des truies à huit paires. Et ils élèvent avec bonheur des hamsters dorés dont les femelles portent jusqu'à vingt-deux mamelles.

Au fait, quels parents élèvent le plus de petits à la fois ? *Réponse p. 93.*

AH BON ?

A noter que les mamelles ne sont productives qu'après une mise bas. Elles ont pour fonction de délivrer un produit dopant aux nouveau-nés. Le lait de leur mère leur fournit tous les éléments à un bon démarrage.
Après le sevrage, leur vitesse de croissance se réduit et dépend de la richesse en aliments du milieu.

Quel **oiseau** est le plus *endurant en vol* ?

▷ La médaille d'or revient au martinet. Il peut rester en l'air plus de 180 jours, nuit et jour, sans se poser.

Ce sont des martinets à ventre blanc équipés de balises GPS miniaturisées qui ont révélé l'exploit. Ces oiseaux de la taille d'un merle font de rapides battements d'ailes entrecoupés de brefs vols planés. Ils se ravitaillent en vol en gobant du plancton aérien composé de petits insectes et de jeunes araignées.
Pour se reposer, ils montent haut dans le ciel et restent en vol en faisant de courtes siestes de trois secondes entrecoupées de quatre secondes de vol battu pour ne pas perdre leur altitude.

Avec le même équipement de géolocalisation, des traquets motteux, également insectivores migrateurs, ont parcouru 3400 km en quatre jours de l'est du Canada à l'île britannique de Baffin, soit en moyenne 850 km par jour. Mathématiquement cet oiseau de la taille d'un moineau n'a pu couvrir cette distance qu'en volant 24 heures sur 24, à 35 km/h, sauf à être poussé par des vents arrière.

Au fait, quel oiseau monte le plus haut dans le ciel ? *Réponse p. 43.*

AH BON ?

Un jeune albatros vole jusqu'à 7 ans en mer avant de rentrer sur l'île australe où il est né. Il fait quelques pauses à la surface de l'eau, mais il reste parfois en l'air des jours entiers. Il peut parcourir d'une traite plus de 1 000 km porté par des vents marins et par des petits courants d'air au ras des vagues. Grâce à ses ailes tendues par d'épais tendons, il atteint des vitesses de 130 km/h, sans effort.

Quel **animal** décroche le titre de *meilleur ouvrier* ?

▷ La gagnante de ce prestigieux trophée est… l'araignée. Elle tisse un fil de soie plus résistant que l'acier et plus élastique que le nylon.

Pour une toile de 10 à 20 cm de diamètre, l'araignée compte 20 à 30 mètres de fil de 25 à 70 millièmes de millimètre de diamètre. Ce tissage essentiel lui sert à se cacher, à piéger ses proies, à s'accoupler et à abriter ses œufs. Sans entraînement, chaque espèce tisse de façon instinctive une dentelle de forme et de taille différentes. Les glandes à soie produisent des fils plus ou moins épais, secs, gluants, souples ou collants, selon leur usage.

Autre puissante production animale, la bave de la limace. Ce mucus adhère aussi bien sur un support sec qu'humide. Elastique et rigide, il permet au mollusque, sans pattes et sans coquille, de glisser tout en se cramponnant si un prédateur cherche à le saisir.

Au fait, quel oiseau fait le plus gros nid ? *Réponse p. 81.*

AH BON ?

Jusqu'ici imitées mais jamais égalées, les soies des araignées et la bave des limaces font l'objet d'intenses recherches sur leur structure pour des applications envisagées dans l'industrie, le sport ou la chirurgie.

TIENS DONC !

Une des plus solides constructions animales est faite par des termites de quelques millimètres. Elles malaxent de la terre avec leur salive, et en séchant ce mélange devient dur comme du béton. Chez nous, ces insectes ne bâtissent souvent que des galeries mais, en Afrique et en Australie, des termitières monumentales s'élèvent sur 4 à 6 mètres.

Quel **oiseau** est le plus *rapide* du monde ?

▷ Le champion planétaire est à juste titre le faucon pèlerin même si les records revendiqués de 390 km/h pour des piqués verticaux sont peut-être excessifs.

Avant d'entamer sa foudroyante descente, le faucon pèlerin prend de l'altitude en vol battu. Puis il plaque ses ailes contre son corps et, tel un boulet de canon, il chute plus ou moins obliquement sur des centaines de mètres. Sa vitesse augmente et atteint sans peine 250 à 300 km/h.
Pendant tout ce temps, le faucon garde les yeux ouverts rivés sur sa cible, un petit oiseau en vol, et ajuste sa trajectoire en écartant légèrement les ailes. Son agilité ébouriffante surprend sa proie, mais il doit parfois faire un crochet brutal pour fondre sur elle, serres en avant, à une vitesse proche de celle du passereau.

Cette technique du vol en piqué est également utilisée par l'aigle royal. Sa chute lui conférerait des vitesses proches de 50 mètres par seconde, soit 180 km/h, mais il doit fortement freiner avant de saisir sa proie, un petit mammifère, pour ne pas s'écraser au sol.

AH BON ?

Autre athlète de haut vol, le martinet noir est lui aussi un fonceur. Avec ses ailes en forme de faux, sa vitesse de pointe pourrait frôler 200 km/h sur de courtes distances. Cependant, les courses-poursuites que vous le voyez faire dans le ciel d'été se situent plutôt entre 40 et 80 km/h.

Quel **animal** est le plus *hérissé*?

▷ **Avec 5000 à 7000 piquants au compteur une fois adulte, c'est le hérisson bien sûr!**

Ce petit mammifère est en fait recouvert de gros poils creux et cannelés de 2 à 3 cm de long. A la fois légers et solides, ils forment une armure souple et résistante à faire pâlir de jalousie les chevaliers du Moyen Age. Le hérisson les renouvelle en continu. Un piquant ne reste en place que 12 à 18 mois, soit deux à trois fois moins longtemps qu'un cheveu sur notre tête. Insérés par groupe de trois, chacun dresse sa pointe dans une direction différente quand le hérisson, se sentant menacé, se roule en boule. Face à cette cuirasse, le plus motivé des renards ou des chiens hésite à en faire son casse-croûte.

Mais cette protection dissuasive est un casse-tête pour le toilettage. Malgré ses longues pattes et ses grandes griffes, le hérisson ne déloge pas tous les poux, les tiques et les puces qui élisent domicile sur sa peau. Au top de sa forme, il supporte ce petit peuple de parasites. Par contre, il déclare forfait face aux produits chimiques qui l'empoisonnent et à la circulation automobile qui le transforme en paillasson. Seul un hérisson sur mille atteint l'âge canonique de 7 ans.

Au fait, quel animal est le plus propre?
Réponse p. 89.

AH BON ?

L'oursin est aussi appelé hérisson de mer, à cause des piques attachées à sa coquille. Ces pointes calcaires servent de défense et parfois de béquilles. Car cet invertébré marin déploie à volonté entre ses aiguilles de vrais pieds qu'il accroche successivement au rocher, comme en varappe.

Existe-t-il des insectes *plus grands* que des oiseaux ?

▷ **Oui, c'est possible si l'on prend les extrêmes dans ces deux catégories.**

Le colibri d'Elena qui vit à Cuba est le plus petit des oiseaux, il mesure moins de 6 cm, bec et queue compris. Cet oiseau-mouche d'une envergure de 3,5 cm pèse 2 grammes. Les plus gros insectes du monde ont la taille d'une main humaine. Le bien nommé titan, un longicorne géant de Guyane, mesure jusqu'à 16 cm de long et le papillon atlas d'Asie du Sud-Est a une envergure de plus de 25 cm ! Notons que ces insectes géants vivent sous les tropiques tout comme les plus minuscules des oiseaux.

Dans nos contrées, le titre du plus petit volatile est attribué au roitelet triple bandeau bien qu'il soit quasiment de la même taille que le roitelet huppé. Il mesure 9 cm de long de l'extrémité du bec au bout de sa queue. La libellule anax empereur est le plus grand insecte volant d'Europe. Elle atteint 9 à 10 cm de long. Son envergure est de 11 cm quand celle des roitelets est de 15 cm.

Enfin, le record du plus lourd insecte reviendrait au weta, une sauterelle de Nouvelle-Zélande, qui peut peser jusqu'à 71 grammes avant de pondre. Notre roitelet avec ses 7 grammes ne fait vraiment pas le poids.

AH BON ?

Rappelons que le plus grand insecte connu de tous les temps a disparu. Il s'agit de la libellule nommée *Meganeura monyi*. Ce spécimen unique découvert en France dans l'Allier vivait il y a environ 250 millions d'années. Les traces fossiles de ses ailes témoignent d'une envergure de 60 à 75 cm.

Quels **poissons** forment la plus soudée des *équipes* ?

▷ Ce sont les sardines qui évoluent sur le terrain en rang serré. En leur sein, ni dispute ni rivalité. Leur banc s'auto-organise sans capitaine, et cela fonctionne.

Alors qu'une meute est dominée par un couple appelé alpha, qu'une harde est contrôlée par un mâle, un banc de poissons n'a pas de chef d'équipe. L'individu qui par hasard se trouve en tête donne le tempo de l'action. Chaque sardine observe sa voisine et réagit comme elle. Elle suit aussi les changements de direction qu'elle ressent par sa ligne latérale. Cette zone sensible enregistre en temps réel les déplacements de l'eau environnante.

Un des plus grands bancs de poissons connus constitue le *Sardine run* qui chaque année remonte le long des côtes sud-africaines. Ses membres se comptent en centaines de millions. Personne ne les a dénombrés mais les bancs mesurés par satellite peuvent s'étendre sur 15 km de long, 3,5 km de large et 40 mètres de profondeur !

Evidemment une telle manne n'attire pas que les bateaux de pêche. Des milliers d'oiseaux marins, de cétacés et de poissons prédateurs sont au rendez-vous. Malgré cela, l'organisation en banc sauve assez d'individus pour atteindre son but : la perpétuation de l'espèce.

AH BON ?

Belle équipe aussi que celle des grands cormorans. Ils lancent des pêches collectives spectaculaires auxquelles se joignent d'autres oiseaux. Ils nagent en groupe sur des bancs de poisson. Les aigrettes et les hérons, positionnés en touche, guettent les petits poissons qui, pour échapper à l'attaque, sortent du rang. Ces rassemblements comptent 50 à 100 oiseaux de chaque espèce.

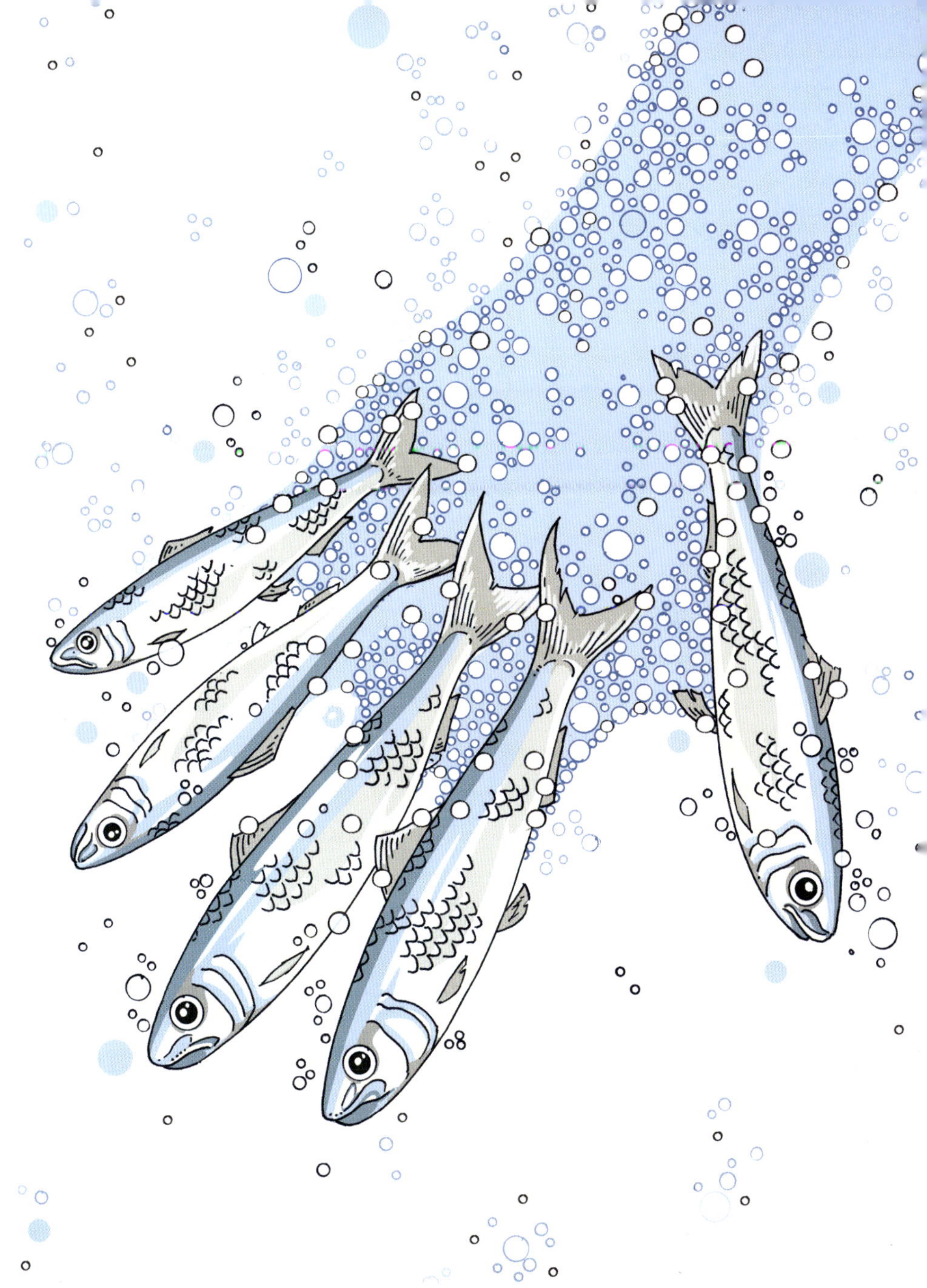

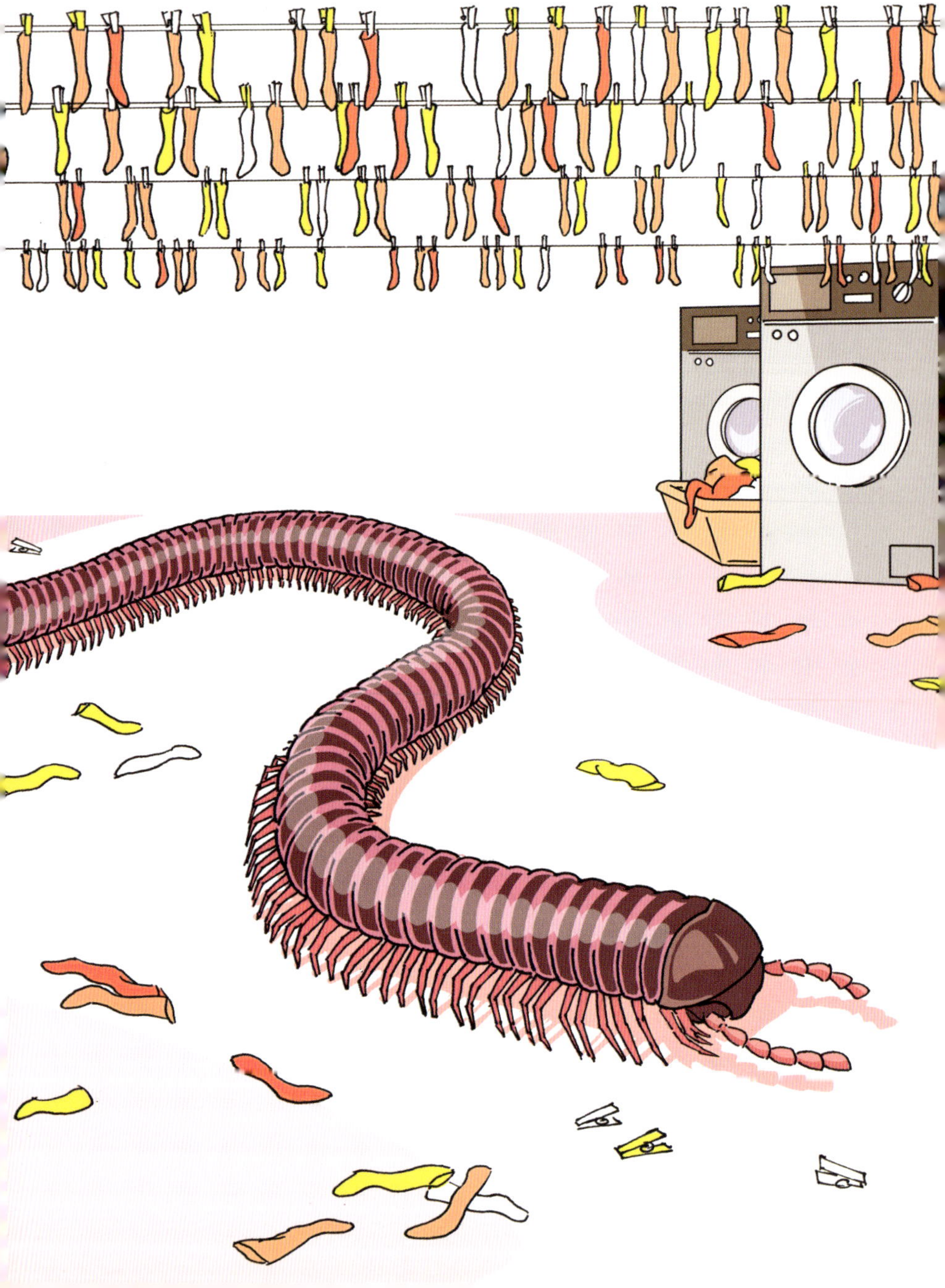

Quelle **bestiole** détient le record de *pattes* ?

▷ Le champion se trouve dans l'équipe des mille-pattes, bien qu'aucune espèce n'ait 500 paires de guiboles.

Les mille-pattes appartiennent à la famille des myriapodes qui signifie « multitude de pattes ». Dans la réalité, les myriapodes ont toujours plus de 18 pattes, des antennes et jamais d'ailes. Un des plus communs d'entre eux, le lithobie à pinces a 15 paires de pattes, et un géophile, parfois appelé cent-pieds, détient le record européen avec 177 paires. Adulte, il peut mesurer jusqu'à 22 cm. A l'international, le titre revient à un myriapode californien très rare, comptant 752 pattes.

Malgré ou grâce à leurs nombreuses gambettes, les myriapodes sont rapides. Leur performance au 100 mètres serait de moins de 5 minutes. Record qui peut être remis en jeu à tout moment si quelqu'un arrive à organiser cette compétition.

Voyez-vous, les myriapodes n'ont qu'une idée en tête : fuir la lumière. La plupart sont d'ailleurs actifs la nuit et mènent une vie discrète dans le sol.

AH BON ?

Les mille-pattes font partie du grand embranchement des arthropodes, animaux à pattes articulées, qui regroupe les insectes, les araignées et les crustacés.
Rappelons que les insectes une fois adultes ont 3 paires de pattes, ni plus ni moins, que les araignées en ont 4, sauf bien sûr l'araignée de mer. Ce crustacé en a 5 comme le crabe, la crevette ou le homard.

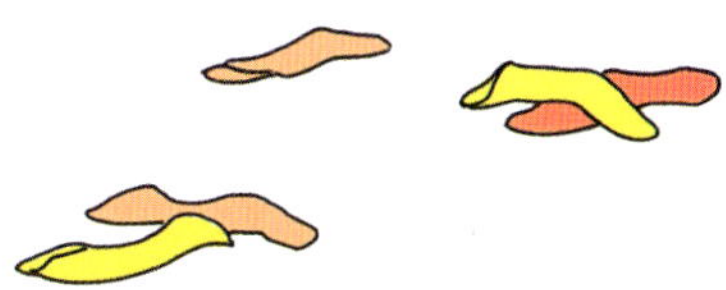

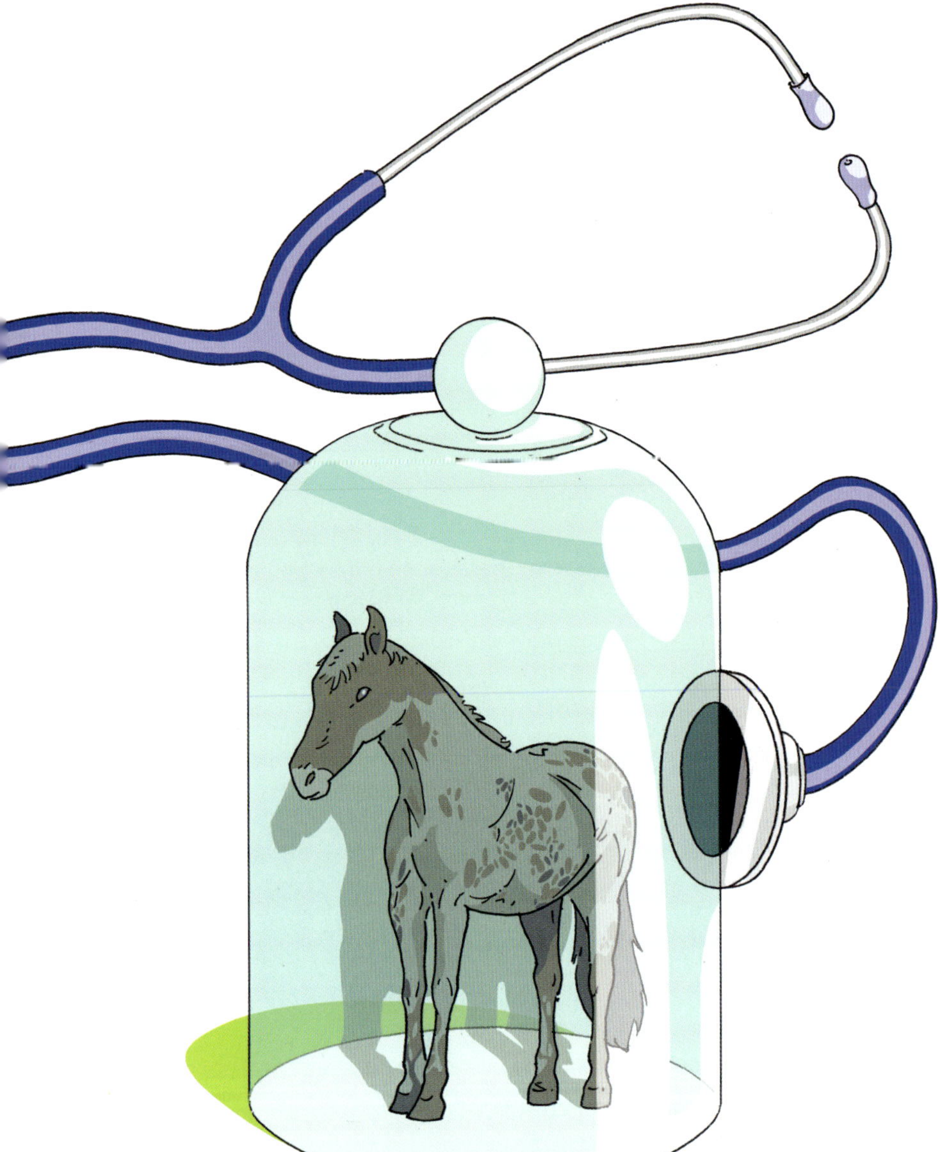

Quel **cœur** de **mammifère** bat le plus *lentement* ?

▷ **En mer, c'est le cœur d'une baleine bleue. Il se contracte 15 fois par minute quand elle nage en surface. Sur terre, celui d'un cheval au repos détient le record de lenteur avec 25 pulsations par minute.**

C'est une règle chez les mammifères : plus vous êtes grand, plus votre rythme cardiaque se ralentit. C'est la raison pour laquelle la baleine bat le cheval, de loin. Le cœur d'un poulain se contracte 70 fois par minute et celui de la minuscule musaraigne palpite 20 fois par seconde. Chez les humains aussi la fréquence cardiaque d'un bébé est plus rapide.

Comment justifier ce phénomène ? Le rythme du cœur est fonction des besoins en énergie. Une des explications, mais pas la seule, est qu'un petit mammifère a en proportion une surface de peau plus grande qu'un gros. Son corps conserve donc moins la chaleur. Il a besoin de plus d'énergie pour rester en vie et son cœur doit pulser plus vite pour maintenir le corps à une température constante. Le rythme cardiaque dépend aussi de la taille du cœur, du volume sanguin à brasser, et bien sûr de l'effort fourni. En fin d'un galop, le cœur d'un pur-sang peut battre à 240 pulsations par minute.

Au fait, existe-t-il des animaux qui ont 100 ans ? *Réponse p. 77.*

AH BON ?

Question taille, c'est logique : l'animal le plus volumineux a le plus gros cœur. Celui de la baleine bleue pèse 600 kilos, soit 0,5 % de sa masse. En proportion celui du cheval est presque deux fois plus gros. Mais le record revient au cœur de la girafe, qui pèse 1,2 % de sa masse corporelle. Il faut bien ça pour envoyer le sang au cerveau 3 mètres plus haut.

Quelle **bestiole** s'enfonce le plus *loin sous terre* ?

▷ Après élimination des tricheurs qui s'introduisent ou passent leur vie dans des grottes profondes, le champion en titre du terrassement est le blaireau d'Europe.

Cet athlète ouvre des galeries jusqu'à 5 mètres sous terre. Avec son corps taillé en forme de coin, c'est un vrai tunnelier. Il pellette la terre avec les puissantes griffes de ses pattes avant et la repousse à l'extérieur.
Ce noctambule s'aménage des galeries de 20 à 25 cm de diamètre dans lesquelles il fait circuler ses 10 à 12 kilos.

Une étude anglaise a exploré un ancien terrier excavé. Les galeries situées à une profondeur moyenne d'un mètre formaient un labyrinthe de 300 mètres de long, couvrant la superficie de trois courts de tennis. Elles s'ouvraient en surface par une dizaine de gueules devant lesquelles se dressaient de grands cônes de déblais. Il a été estimé qu'au fil des générations les blaireaux ont évacué 25 tonnes de pierre et de terre battue pour construire et entretenir ce réseau souterrain.

AH BON ?

Plus modeste, la taupe creuse des galeries étroites mais parfois longues de 200 mètres. Elle rejette la terre sous forme de petits monticules rapprochés quand sa galerie n'est qu'à 10 ou 20 cm de la surface et des tas espacés plus gros quand elle s'enfonce à 50 cm dans le sol.

TIENS DONC !

Sous l'eau, c'est le cachalot qui descend le plus loin, jusqu'à 3 000 mètres de profondeur. Ce plus gros prédateur de la planète peut peser 50 tonnes. Il plonge entraîné par sa lourde tête qui mesure un tiers de son corps.

Quel est le plus *gros dormeur* des **animaux** ?

▷ Deux mammifères s'affrontent pour le titre : la chauve-souris et la marmotte. Ils passent 70 % de leur vie endormis ou en léthargie.

Chez nous, les chauves-souris ne s'activent que 7 mois par an, la nuit. En été, elles quittent leur abri peu avant la tombée du jour et y retournent au lever du soleil. Comme les nuits sont courtes à cette saison, elles restent au gîte plus de 14 heures sur 24. Le reste de l'année, elles hibernent. Dans cet état léthargique différent du sommeil, la température de leur corps baisse énormément. Leur respiration et leur rythme cardiaque se ralentissent à l'extrême.

Les marmottes hibernent plus longtemps encore car, c'est un fait, l'hiver montagnard est long. Elles passent 6 mois en léthargie. Mais en été, elles s'activent le jour, original pour un rongeur, et dorment la nuit au nid, soit seulement 6 à 8 heures.

Du côté des non-hibernants, le champion du sommeil est notre chat domestique. Bien nourri, dormir 20 heures sur 24 ne lui fait pas peur.

AH BON ?

Quel animal commun dort le moins ? C'est le cheval. En temps normal, il dort 2 à 6 heures par jour, flâne 2 à 6 heures et pâture 12 à 20 heures. En effet, son système digestif le contraint à ne jamais rester sans manger plus de 4 heures.

TIENS DONC !

Il existe un champion inclassable du sommeil, le dauphin. Son cerveau dort par étapes. L'hémisphère droit est actif pendant que le gauche sommeille, puis c'est le contraire. Il se repose ainsi dans l'eau sans sombrer, avec son évent en surface pour respirer.

Quel **mammifère** a le plus *petit bébé* ?

▷ Les marsupiaux mettent au monde des petits aussi gros que… des grains de riz !

Il existe sur Terre des mammifères auxquels on pense rarement, qui constituent le groupe des marsupiaux. Les kangourous, les koalas ou encore les opossums, qui appartiennent à cette famille, donnent naissance à des petits véritablement minuscules. Chez ces animaux en effet, les embryons poursuivent leur développement hors du ventre de leur mère. Ils sont donc nourris en continu, non par un placenta, mais par une des mamelles à laquelle ils restent fixés plusieurs mois. C'est ce qui leur permet de sortir du ventre de leur mère en étant aussi chétifs.

Chez nous, l'ours brun arrive loin derrière dans cette course à la miniaturisation. La femelle met au monde un ou deux jeunes de la taille d'un gros rat. L'ourson naît plutôt mal léché. Disons qu'il n'est pas très bien fini quand il commence sa vie. Sans poils et aveugle, il pèse environ 300 grammes, soit 250 à 300 fois moins que sa mère. Si nos nouveau-nés humains suivaient la même proportion, ils ne pèseraient que 250 grammes.

Le blaireautin arrive en seconde position. Il pèse 110 fois moins lourd que sa mère. Notons que l'ours brun et le blaireau sont tous deux des mammifères omnivores. Ils n'hibernent pas et la femelle donne naissance à ses petits dans une tanière au cœur de l'hiver. Oursons et blaireautins ne voient le vrai jour que trois ou quatre mois plus tard.

AH BON ?

Les mères qui mettent au monde les plus grands bébés par rapport à leur taille sont les cétacés. Ces nouveau-nés mesurent environ le tiers de leur mère, soit un mètre de long pour un delphineau commun.

Existe-t-il des **animaux** qui ont 100 ans ?

▷ Oui, les animaux n'ont pas attendu les progrès de la médecine pour bien vieillir. La palme revient à une palourde nordique de plus de 500 ans.

Qui sait jusqu'à quel âge peut vivre une bête sauvage? La plupart ne meurent pas de vieillesse. Parmi les centenaires célèbres, on connaît des tortues de plus d'un siècle et demi. Les pêcheurs avides de trophées ont recensé des créatures aquatiques dignes de Mathusalem. Chez les crustacés, l'âge d'un homard de 20 kilos a été estimé à 140 ans. Chez les mollusques, celui d'une palourde nordique de 8,5 cm de diamètre a été déterminé à 507 ans en comptant les cernes de croissance de sa coquille. On ignore combien de temps elle aurait pu vivre encore si elle n'avait pas été prélevée près de l'Islande en 2006.

L'âge des animaux en captivité est parfois mieux connu, sans être exempt de contestation. Ainsi une anguille aurait vécu pendant 155 ans dans un puits en Suède. Une carpe koï au Japon aurait eu 226 ans à sa mort en 1977.

AH BON ?

Il y a souvent de grands écarts entre la durée de vie moyenne et un record. Par exemple, un rougegorge familier vit rarement plus de 3 ans alors que le record pour cette espèce est de 17 ans et 3 mois.

TIENS DONC !

Chez les mammifères, les gros placides vivent plus longtemps que les petits agités. La turbulente musaraigne vit moins de 2 ans, tandis que le tranquille éléphant peut atteindre 70 printemps. C'est le cœur qui est aux commandes. Quelle que soit la taille du mammifère, il battrait 800 à 900 millions de fois avant de s'arrêter.

Quel **animal** a le plus *gros cerveau* ?

▷ Si la baleine bleue est l'animal le plus imposant, c'est son cousin le cachalot qui possède le plus gros cerveau.

Avec une masse de 7 à 8 kilos, l'encéphale du cachalot est 5 fois plus lourd qu'un cerveau humain, alors que ce cétacé à dents est 300 fois plus massif que nous. Finalement son cerveau est bien petit en proportion.

Il reste que l'univers marin concentre la plupart des grosses têtes. Le poulpe, animal au corps mou, dispose d'un gros encéphale avec plus de 500 millions de neurones. Il en a plus qu'une souris, qu'une abeille, ou même qu'une limace.
Ses cellules nerveuses sont réparties dans neuf cerveaux, un central et huit situés chacun à la base de ses bras. Les scientifiques ont mis la pieuvre à l'épreuve. Elle s'est ainsi montrée capable de dévisser le couvercle d'un pot en verre pour accéder à une proie tapie à l'intérieur. Ses cerveaux contrôlent l'opération à partir des informations transmises par ses yeux, ses bras et ses ventouses.

Chaque animal a une intelligence qui lui permet de résoudre les problèmes de son monde, à la mesure de ses sens et de ses moyens. Pour sûr un crabe, une sardine ou un goéland seraient recalés à ce test.

AH BON ?

Attention à ne pas associer taille d'un cerveau et intelligence. Ce n'est pas la masse de matière grise qui compte, pour les animaux comme pour les hommes, mais la façon dont les cellules nerveuses sont organisées.

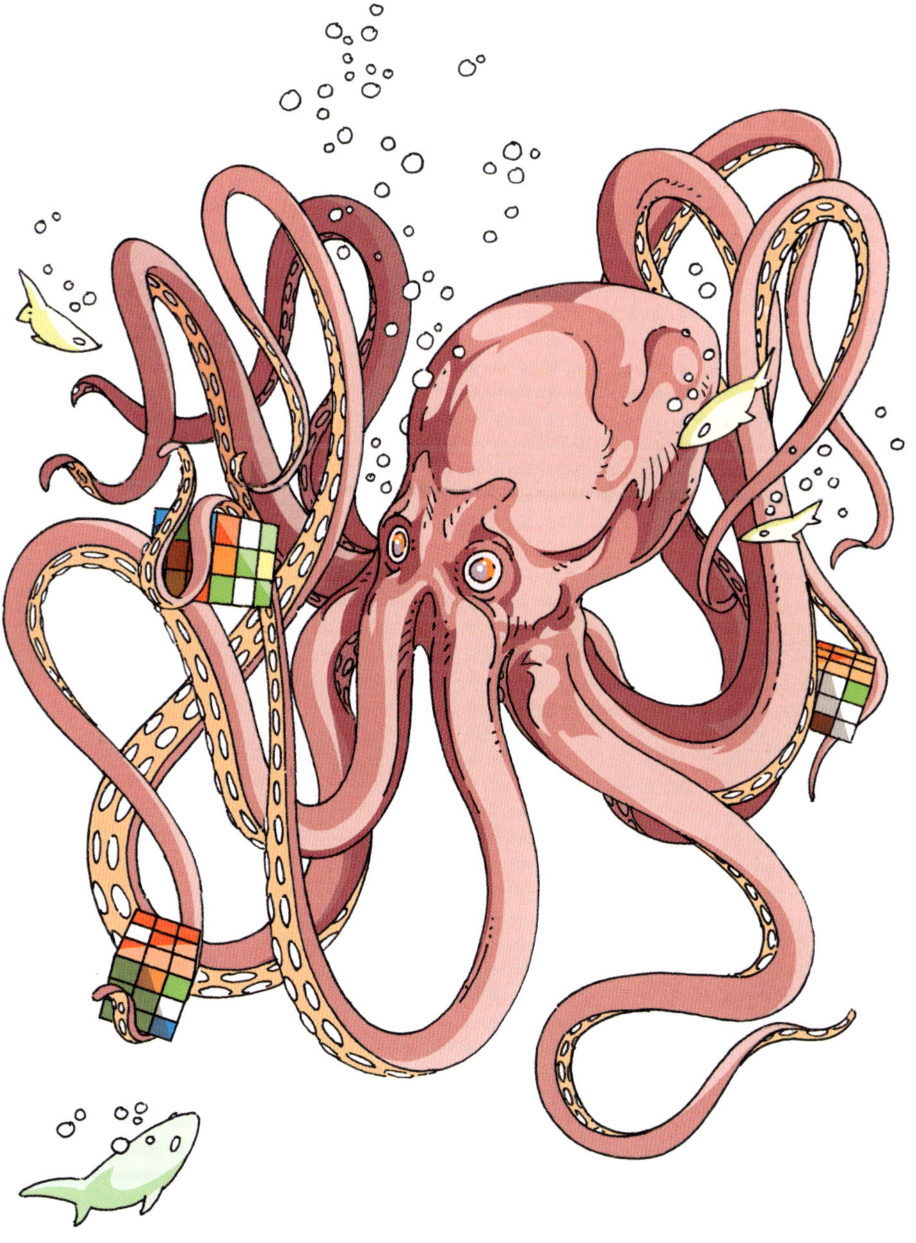

Quel **oiseau** fait le plus *gros nid* ?

▷ C'est la cigogne blanche. Année après année, elle consolide son abri qui devient un podium monumental : 2 mètres de diamètre et 500 kilos.

Le mâle lance le premier le chantier d'un nouveau nid ou de restauration de celui de l'année précédente. Il apporte des branchages, des rameaux de bois, des sarments de vigne qu'il enchevêtre avec des herbes. Le futur couvoir se situe sur un site dégagé, en haut d'un arbre, d'un bâtiment, d'un pylône ou sur une plate-forme disposée à cet effet.
La femelle assure ensuite l'aménagement intérieur avec des feuilles, du foin et de la mousse. Elle le tapisse aussi avec divers matériaux, plastique, papier et même bouse de vache. Elle façonne ensuite la cuvette avec son corps.

Après un accouplement acrobatique sur le nid, la femelle pond trois ou quatre œufs à peine plus gros que ceux d'une poule. Le couple se relaie pour la couvaison et le nourrissage des jeunes. Comme tous les oisillons, les cigogneaux quittent leur berceau géant quand ils ont atteint la taille de leurs parents.

AH BON ?

Les oiseaux ne sont pas les seuls à bâtir des nids. Les guêpes et les frelons en fabriquent aussi en fibres de bois malaxées avec leur salive. Ils étirent ensuite cette pâte pour dresser les parois des alvéoles.
Le logement de papier des frelons européens mesure 40 cm de diamètre et 60 cm de haut. Celui des frelons asiatiques, parfaitement sphérique, peut atteindre 70 cm de diamètre, soit un volume de vingt ballons de basket !

Combien de temps un **poisson** peut-il vivre *hors de l'eau*?

▷ A cette compétition un peu spéciale, l'anguille d'Europe arrive en tête. Elle peut sortir de l'eau pendant plusieurs dizaines de minutes, par exemple pour contourner un obstacle.

Bien sûr, n'imaginez pas la rencontrer au milieu d'une pinède, mais elle traverse sans problème une prairie humide en rampant avant de regagner un cours d'eau. L'anguille a un physique de serpent mais elle n'a pas la peau sèche. Son corps est couvert d'un épais mucus qui la rend glissante à qui veut la prendre à pleine main. Ce gel visqueux lui évite la déshydratation à l'air libre et, mieux, il lui permet d'assimiler de l'oxygène à travers ses minuscules écailles. Dans l'eau, sa respiration est complétée par des branchies. Celles-ci sont maintenues humides en permanence dans une cavité étroite.

Quand l'anguille adulte, après avoir passé 10 à 20 ans en rivière, revient se reproduire en mer, ses branchies se transforment en machine à rejeter le sel. Ainsi le chlorure de sodium ne s'accumule pas dans son corps.

AH BON ?

La plupart des poissons meurent rapidement hors de l'eau. Mais quand on vide un étang, des poissons-chats et certaines carpes peuvent survivre plusieurs jours dans la vase.

TIENS DONC !

Dans les mangroves, ces forêts tropicales fréquemment inondées par la mer, vivent des poissons amphibies de la famille des gobies, les périophtalmes. Ils sortent de l'eau régulièrement et se déplacent sur les rochers, les branches ou la vase en s'appuyant sur leurs nageoires pectorales.

Quel est le plus *résistant* des animaux ?

▷ C'est une toute petite bête discrète, le tardigrade, capable de supporter sans pâtir des conditions extrêmes et même de se déshydrater presque complètement.

Cet animal étrange a huit pattes griffues et mesure environ un millimètre de longueur. On en connaît plusieurs centaines d'espèces, aquatiques ou terrestres, partout sur Terre, en ville ou en forêt, dans les déserts froids ou chauds, dans la mer ou en montagne.

Leurs capacités de survie sont si impressionnantes que les scientifiques les soumettent à des compétitions extraterrestres. Ainsi certains de ces survivants de l'extrême sont sortis vainqueurs de séjours à −272 °C, tandis que d'autres ont encaissé des températures de plus de 100 °C, ou ont résisté à des pressions énormes. Un tardigrade a même repris vie après 30 ans de congélation, d'autres sont revenus d'un voyage dans l'espace où ils ont été exposés au vide et bombardés de rayons UV intenses. C'est à croire que ces bestioles, au physique de sac d'aspirateur, que les Anglais appellent oursons d'eau, sont increvables.

AH BON ?

Au fond des océans, par plus de 3 000 mètres de profondeur, il fait nuit 24 heures sur 24. La pression est 300 à 500 fois plus grande qu'en surface, la température se situe entre 0 et 2 °C et la nourriture est très rare. Cela n'empêche pas des poissons, des calmars, des crustacés et des étoiles de mer de vivre dans ces abysses. Ils sont tous carnivores ou détritivores.

Quel **oiseau** voit le mieux la nuit ?

▷ Aucun œil ne fonctionne dans la nuit noire. Mais dès que la lune et les étoiles fournissent un peu de clarté, les hiboux et les chouettes perçoivent les obstacles, arbres ou bâtiments.

Les yeux des rapaces nocturnes sont gros. Ils ont presque la taille d'un œil humain, mais dans une bien plus petite tête. Leur pupille capte les moindres lueurs. En se dilatant largement, elle devient ronde. Leur rétine est riche en bâtonnets, cellules sensibles à la lumière. Pourtant ils ne sont pas éblouis en plein jour comme on le croit parfois.

A la différence des rapaces diurnes qui ont les yeux de part et d'autre de la tête, ceux des hiboux et des chouettes sont situés vers l'avant sur la face. Ils leur permettent de bien voir les reliefs, mais ils sont fixes. L'oiseau tourne la tête pour élargir son champ de vision sur plus de 270 °. Autant dire qu'il regarde dans son dos.

Pour chasser, les chouettes et les hiboux se servent surtout de leur ouïe qui est dix fois plus fine que la nôtre. Ils perçoivent ainsi le bruissement et le couinement des petits rongeurs qui oublient d'être discrets pendant leurs déplacements.

Au fait, quel animal a la meilleure vue? *Réponse p. 95.*

AH BON ?

Dans l'obscurité, les chauves-souris localisent leurs proies et les obstacles grâce à leurs oreilles. Elles émettent des séries de sons aigus très courts qui nous sont imperceptibles. Ces ultrasons rebondissent sur ce qu'ils rencontrent et reviennent très vite aux oreilles du mammifère volant. Son cerveau lui indique alors où est l'obstacle, et s'il s'agit d'un mur, de feuilles, ou d'un papillon.

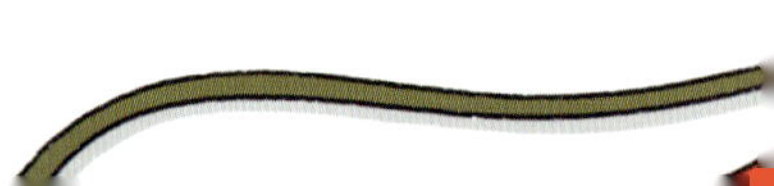

Quel **animal** est le plus *propre* ?

▶ **Sans savon ni lotion, les animaux font leur toilette pour rester en bonne santé. Le plus zélé est le sanglier qui installe une salle de bains en pleine forêt.**

Un sanglier n'a pas de griffes pour peigner son pelage. Il n'a pas non plus la langue et la souplesse d'un chat pour se lécher. Alors, ce cochon sauvage a mis au point une autre méthode. Il prépare un bain de boue, appelé une souille, en piétinant le sol humide. Il se vautre ensuite dans cette cuvette et ses poils s'enduisent de gadoue. Quand il en sort, il a l'air tout crotté. Une fois la boue séchée, il se frotte contre un arbre et élimine ainsi les poils morts et les parasites logés sur sa peau.

Le cerf élaphe a recours à la même technique pour se nettoyer ou se rafraîchir. Mais quand un ours se frotte à un arbre ou un loup se roule par terre, c'est plus pour déposer son odeur que pour se laver ou se gratter.

AH BON ?

Si vous avez déjà pris une limace dans vos mains, vous savez qu'il est difficile de se défaire de son mucus. Pourtant, la petite bête arrive à nettoyer sa semelle collante. Elle se débarrasse périodiquement de sa sécrétion souillée en la repoussant vers l'extrémité de son corps, comme on retire une chaussette.

TIENS DONC !

Vous l'avez remarqué, les oisillons n'ont pas de couche-culotte et pourtant leur nid n'est pas couvert de crottes. Les parents font le ménage.
Ils saisissent du bout du bec les fientes dès qu'elles pointent aux fesses de leurs petits. Ils vont les larguer au loin pour ne pas éveiller l'attention des prédateurs.

Quel est le plus *ancien* des **animaux** ?

▷ Un spécimen se trouve dans votre cave ou sous votre baignoire. C'est le lépisme aussi appelé poisson d'argent.

Malgré son nom et son allure, ce n'est pas un poisson mais bien un insecte. Il n'a pas d'aile et court très vite pour fuir la lumière. Son corps couvert d'écailles brillantes se termine par de longs filaments appelés cerques.

Contrairement à la grande majorité des animaux qui ont changé d'allure au fil de l'évolution pour s'adapter à des conditions de vie nouvelles, les scientifiques considèrent que les lépismes ressemblent à leurs ancêtres présents sur Terre depuis 300 millions d'années. Comme leur aspect semble inchangé, on les traitait autrefois de fossiles vivants (voir dans la même collection *Les petites bêtes de la maison... et de la chambre*) ou d'insectes primitifs, ce qui ne veut rien dire. Leur patrimoine génétique a évolué au fil des générations. Certaines espèces se sont adaptées à vivre dans nos habitations où elles se nourrissent de papier ou de carton. A cause de cela, les bibliothécaires et les collectionneurs de timbres les craignent et leur font la guerre.

AH BON ?

Et l'animal le plus récent alors ? Il est à chercher parmi nos compagnons canins.
La plupart des races de chien ont moins de deux siècles. Le travail de sélection des éleveurs est récent, tout comme la notion de pedigree. Tous les toutous ont pour ancêtre des loups qui ont été génétiquement modifiés par une sélection pas du tout naturelle.

Quels **parents** élèvent le plus de *petits* à la fois ?

▷ **Les mésanges sont de vraies mamans poules.**

Chez les mammifères, une lapine nourrit jusqu'à quatorze lapereaux en même temps, une souris s'occupe d'une dizaine de souriceaux par portée, mais le record revient à un oiseau, la mésange bleue, qui peut élever jusqu'à seize oisillons en une seule couvée.

En moyenne, le nombre d'œufs couvés par une femelle mésange bleue est plutôt de sept à treize œufs par ponte. Il varie selon le lieu, l'altitude et la latitude, la taille de la cavité où elle niche et les possibilités de ravitaillement alentour. Ce passereau de 12 grammes pond un œuf de moins de 2 grammes par jour. La femelle commence à couver dès qu'elle juge la ponte complète. Elle est relayée ou ravitaillée au nid par le mâle. Ainsi, en moins de 15 jours d'incubation, les œufs éclosent tous en l'espace de 24 heures.

Les parents ont alors fort à faire pour nourrir les jeunes becs affamés. Ils font plusieurs centaines d'allers-retours chaque jour pendant trois semaines pour leur apporter de fines chenilles vertes, mais aussi des petits insectes et des araignées.

Au fait, quel oiseau fait le plus gros nid ? *Réponse p. 81.*

AH BON ?

La mésange bleue n'est pas l'animal qui pond le plus. Une reine des abeilles au mieux de sa forme dépose plus de 15 000 œufs par semaine, une moule abandonne jusqu'à un million de larves par ponte dans l'océan. Le poisson-lune adulte expulse en une fois 300 millions d'œufs dans les eaux tropicales. Mais aucune de ces femelles ne prend soin de sa progéniture.

Quel **animal** a la *meilleure vue* ?

▷ Il appartient à l'équipe des rapaces diurnes : dans la catégorie poids plumes, le titre revient au faucon crécerelle.

Le faucon crécerelle est connu pour sa chasse en vol stationnaire à 20 ou 40 mètres du sol. Après avoir repéré un petit rongeur, il attend le moment propice pour fondre sur lui. Ses gros yeux sont en forme de tubes profonds comme ceux de l'aigle royal ou du faucon pèlerin. Ainsi l'image qui se projette sur sa rétine est directement agrandie, comme quand on éloigne un projecteur de l'écran.

Sa vue reste cependant nette grâce à deux régions de sa rétine riches en récepteurs visuels, des fovéas. L'une centrale est utilisée pour la recherche d'une proie, l'autre temporale sert au moment de la capture quand le rapace projette ses pattes sur un rongeur ou un passereau. Ce système ne fonctionne qu'avec une bonne luminosité.

De plus, il n'est pas exclu que le faucon soit sensible aux ultraviolets émis par l'urine des rongeurs.

AH BON ?

Les plus petits yeux sont ceux de la taupe. Contrairement à ce qu'on croit, ce petit mammifère n'est pas aveugle mais il a la vue basse. C'est assez logique pour ce fouisseur qui passe plus de 90 % de sa vie dans l'obscurité sous terre. Ses sens dominants sont le toucher et l'odorat.

TIENS DONC !

Tous les animaux n'ont pas deux yeux. Certaines sauterelles en ont cinq, les araignées jusqu'à huit, et la coquille Saint-Jacques en possède une centaine qui fonctionne par réflexion. Ils lui permettent de détecter son prédateur, l'étoile de mer dotée, elle, d'un œil rudimentaire au bout de chaque bras.

Quel **mammifère** est le plus *poilu* ?

▷ La loutre de mer détient le record mondial avec 150 000 poils par cm². Mais sa cousine européenne qui vit au bord des rivières arrive en deuxième position.

Chez la loutre d'Europe, les observateurs les plus patients ont dénombré 80 000 poils sur un centimètre carré de pelage. D'autres n'ont pas fini de compter. Ils se sont endormis vers 50 000.
Tout son corps est couvert d'une fourrure dense de couleur brune, plus claire sur la gorge et le ventre. La presque totalité de ses poils sont fins et courts. Un peu ondulés, ils retiennent des bulles d'air qui isolent la peau du froid de l'eau ou de l'air.

Car ce mammifère aquatique possède peu de graisse sous-cutanée. Ces poils de bourre, comme on les appelle, sont recouverts par d'autres plus gros, plus longs et plus raides. Ce sont des poils de jarre, brillants et imperméables. Ils protègent les poils de bourre de l'humidité. Comme une combinaison de plongée, ils permettent à la loutre de glisser dans l'eau pour se livrer à de rapides chasses aquatiques.

En comparaison, un chien en bonne santé n'a que 100 à 500 poils par cm² selon la race, un chat entre 800 et 1600, et on ne compte pas plus 300 cheveux par cm² sur le crâne de leur maître, même jeune.

AH BON ?

Si les poils sont une production caractéristique de la peau des mammifères, certains comme les cétacés n'en ont plus alors que des araignées et des chenilles en sont dotées. Ils enregistrent des vibrations de l'air ou du support où se trouvent ces petites bêtes.
Ils peuvent aussi servir de moyens de défense comme ceux des chenilles processionnaires qui sont urticants pour les humains.

Quel est le plus *lumineux* des **animaux** terrestres ?

▷ **Sur la terre ferme, c'est le ver luisant, aussi connu sous le nom de luciole ou lampyre.**

Pas de confusion : celui que l'on appelle ver luisant n'est pas un ver mais un insecte, de l'ordre des coléoptères comme les coccinelles. Ce nom vient de la femelle qui a un corps allongé et segmenté, sans ailes, et de la capacité qu'ont les lampyres à briller d'une lumière froide verdâtre la nuit, que ce soient les femelles, les mâles, les larves, et même les œufs.

Cette lueur est produite par des cellules bioluminescentes dans lesquelles une réaction chimique libère de l'énergie sous forme d'éclairs lumineux. La femelle produit les éclats les plus nets et dresse l'extrémité de son abdomen en haut d'une herbe pour être bien visible depuis le ciel. En s'allumant ainsi, elle répond aux signaux d'un mâle et se fait reconnaître des partenaires de son espèce. Les mâles, pourvus d'ailes, volent jusqu'à elle. L'intensité lumineuse des lampyres n'est pas très puissante. C'est surtout le rythme du clignotement qui permet aux congénères d'éviter les confusions entre espèces.

AH BON ?

Les champions de la bioluminescence se trouvent en mer chez les animaux nocturnes et aussi dans les profondeurs de l'océan où l'obscurité règne en permanence.
Tous les groupes ou presque émettent de la lumière : plancton, bactéries, crevettes, méduses, seiches, étoiles de mer, poissons des profondeurs. Ces phénomènes bioluminescents ont pour fonction la reproduction, mais aussi la communication, la chasse et même le camouflage.

Quel est le plus *puant* des **animaux** ?

▷ En Europe, le putois a la réputation de dégager l'odeur la plus répugnante.

Cet animal solitaire mène pourtant une vie discrète. Comme les autres mammifères carnivores, il marque les limites de son territoire avec son urine et ses excréments qu'il imprègne d'une vague odeur personnelle grâce à ses glandes anales. Ses congénères lisent dans ces effluves et savent si celui qui les a déposés est un mâle ou une femelle, et depuis combien de temps il est passé.

Jusque-là, rien que de très banal. Là où le putois se distingue, c'est quand il se sent menacé. Il se plie alors en U pour ne pas perdre de vue sa cible et expulse par son anus une substance nauséabonde sous forme d'aérosol en direction de son adversaire. Ce dernier traîne alors plusieurs jours un épouvantable fumet de putois. Attitude bien peu sportive, vous en conviendrez.

Malgré cela, le putois a été autrefois domestiqué sous le nom de furet pour chasser les lapins et les rongeurs. Aujourd'hui, certains l'adoptent même comme animal de compagnie.

AH BON ?

Les punaises possèdent des glandes odoriférantes sur le thorax et sont connues pour laisser une senteur désagréable sur leur passage. Si vous avez croqué une framboise chargée d'un tel effluve, vous savez de quoi il en retourne. L'odeur qu'elles dégagent pourrait dégoûter un prédateur. Pourtant l'odorat est loin d'être un sens très développé chez les oiseaux.

Qui est le plus *grand* prédateur de tous les temps ?

▷ **Ce triste trophée est remporté par l'*Homo sapiens*, autrement dit par notre espèce humaine actuelle.**

Non seulement les humains s'entre-tuent en temps de guerre mais ils causent, à travers leurs activités, la disparition de plus de 25000 espèces animales et végétales chaque année. Extinctions probablement sous-estimées puisque ne sont comptabilisées que les espèces connues, mais irréversibles car, jusqu'à preuve du contraire, aucune espèce ne peut être à ce jour ressuscitée.
Les ingrédients mortifères de cette érosion de la biodiversité sont bien connus : destruction d'habitat par l'agriculture, l'élevage, la déforestation et l'exploitation minière, chasse et pêche intensives, pollutions et changements climatiques.

Selon le dernier rapport du WWF, les populations de vertébrés ont décliné de 58 % entre 1970 et 2012. Les spécialistes affirment que notre planète est entrée dans la sixième extinction de masse, à un rythme de disparition cent fois plus grand que celui qui a sonné le glas des dinosaures, il y a 66 millions d'années.

Très loin derrière les humains, on trouve le rat, un animal favorisé de tout temps par notre espèce, qui a fait des ravages en détruisant des récoltes et en propageant la terrible peste par l'intermédiaire de ses puces.

AH BON ?

Quel que soit le milieu, les prédateurs ne pullulent jamais dans la nature. Leur nombre est régulé par la disponibilité en nourriture. En effet, plus les chasseurs sont nombreux, plus ils consomment, jusqu'au moment où le manque de proies entraîne à son tour leur diminution.

LES AUTEURS

Nathalie Tordjman, journaliste spécialisée dans l'écologie et les animaux, écrit pour plusieurs magazines et maisons d'édition.

© Alain Le Toquin

Frédéric Michaud, illustrateur et dessinateur de presse, propose un univers graphique onirique et poétique.

© Olivier Savoy

---

salamandre

© Les Editions de La Salamandre - www.salamandre.net
Suisse : rue du Musée 4, CH-2000 Neuchâtel
France : BP 75, ZI rue Noirichaud, 25290 Ornans

Textes : Nathalie Tordjman - Illustrations : Frédéric Michaud
Suivi éditorial et relecture : Benoît Richard
Conception graphique et mise en page : Pauline Maury
Révision : Edith Grunberg

Dépôt légal : janvier 2018 – ISBN : 978-2-940-58439-0
Imprimé par IME by Estimprim à Autechaux (France)